基于深度卷积神经网络的

古代壁画数字化保护方法研究

曹建芳◎著

电子科技大学出版社
University of Electronic Science and Technology of China Press

·成都·

图书在版编目(CIP)数据

基于深度卷积神经网络的古代壁画数字化保护方法研究 / 曹建芳著. — 成都：电子科技大学出版社，2024.5
ISBN 978-7-5770-0646-8

Ⅰ.①基… Ⅱ.①曹… Ⅲ.①数字技术—应用—壁画—文物保护—研究—中国—古代 Ⅳ.①K879.414-39

中国国家版本馆CIP数据核字（2023）第202946号

基于深度卷积神经网络的古代壁画数字化保护方法研究
JIYU SHENDU JUANJI SHENJING WANGLUO DE GUDAI BIHUA SHUZIHUA BAOHU FANGFA YANJIU

曹建芳　著

策划编辑　陈松明
责任编辑　罗国良
责任校对　陈姝芳
责任印制　段晓静

出版发行　电子科技大学出版社
　　　　　成都市一环路东一段159号电子信息产业大厦九楼　邮编 610051
主　　页　www.uestcp.com.cn
服务电话　028-83203399
邮购电话　028-83201495

印　　刷　成都市火炬印务有限公司
成品尺寸　185mm×260mm
印　　张　9
字　　数　170千字
版　　次　2024年5月第1版
印　　次　2024年5月第1次印刷
书　　号　ISBN 978-7-5770-0646-8
定　　价　98.00元

版权所有，侵权必究

前言 Qianyan

中国古代壁画历史悠久，其类型、数量众多，是中国古代文明发展的见证。时至今日，它仍然具有重要的历史、艺术、科学、经济及文物等价值。近年来，信息技术在对古代壁画的保护中发挥了重要作用，使得文物保护的工作方式更加科学化、多样化。在文物数字化保护手段日益丰富的背景下，壁画保护需要更多的创新性工作。因此，对古代壁画数字化保护方法的研究有着广阔的应用前景和实用价值。

本书以中国古代壁画为研究对象，对壁画数字化保护涉及的相关方法进行针对性的研究。本书设计适应性增强胶囊网络模型对古代壁画进行朝代识别，改进PSPNet网络模型对古代壁画进行区域分割，设计增强一致性生成对抗网络模型和改进的循环生成对抗网络模型对古代壁画缺损区域和色彩进行修复，建立稳定增强生成对抗网络模型对古代壁画进行超分辨率重建，构建实用性强的古代壁画数据库集群，系统地研究了古代壁画的数字化保护方法。

全书共分为六章：第一章是绪论，介绍了古代壁画数字化保护的研究现状和本书的主要工作、组织结构等内容；第二章探讨了基于适应性增强胶囊网络的古代壁画朝代识别方法；第三章探讨了基于改进PSPNet网络的古代壁画分割方法；第四章探讨了基于多卷积神经网络模型的古代壁画修复方法；第五章探讨了基于稳定增强生成对抗网络的古代壁画超分辨率重建方法；第六章介绍了古代壁画数据库集群的设计与实现；第七章对本书的研究工作进行了总结与展望。

值本书出版之际，我要特别感谢我的学生闫敏敏、田晓东、张自邦、靳梦燕、贾一鸣、马尚、陈泽宇、胡晓慧、李艳飞，他们在资料整理、算法优化、代码编写和实验验证方面做了大量的工作，在这里对他们表示真挚的感谢！同时感谢忻州师范学院的领导和老师们，在他们的支持、鼓励和帮助下，我顺利地完成了本书的撰写工作！本书的出版得到了国家自然科学基金面上项目"基于多模型卷积神经网络的五台山壁画数字化修复方法研究"（No.62372397）、教育部人文社会科学研究规划基金项目"数字化背景下五台山壁画的修复保护策略研究"（No. 21YJAZH002）和山西省文物局科研课题"五台山寺观壁画的数字化传承保护路径研究"（No.2024KT23）的资助，在此一并表示感谢！

本书反映了古代壁画数字化保护的最新研究成果、研究方法和研究动向，在理论体系和方法上均有创新，构建了古代壁画数字化保护关键技术分析的平台。本书不仅可作为计算机应用技术、信息科学、工程技术等专业高年级本科生和研究生的教学参考书，对相关领域的研究人员和工程技术人员也有重要的参考价值和使用价值。

由于作者才疏学浅，书中存在疏漏在所难免，恳请各位专家学者批评指正，提出宝贵意见。

曹建芳

2024 年 4 月

目录 MuLu

第一章

绪论

中国古代壁画是我国文化遗产的重要组成部分，记录着各个时代的宗教信仰和社会生活等内容，蕴含着大量的历史、文化、艺术信息，形象地记载了各个民族在各个时代的社会风貌，具有重要的历史、科学和艺术价值，具有丰富的文化内涵。但由于历史、气候环境等原因，古代壁画目前已出现不同程度的褪色、脱落、裂隙、起甲、烟熏、霉变、空鼓等现象。如果得不到及时的保护，古代壁画将来可能出现更严重的破坏，而采用智能信息处理技术对古代壁画进行修复保护，可实现古代壁画的"永生"。

1.1　研究背景与意义

中国古代壁画作为中国古代绘画的重要组成部分，对中国绘画艺术的发展起到了不可或缺的作用，具有重要的历史、文化和艺术价值。壁画是一种最原始的绘画类型，简单来说，就是绘在墙壁上的画作，多出现在石窟、寺观或墓室的墙壁上。壁画历史悠久，时间上从汉代沿革到清代，地域上跨越了东部、中部和西部，反映了各个时期不同区域人们的社会生活、生产劳动和宗教文化，其内容丰富多彩。从历史文化的角度来说，古代壁画在艺术发展史上的地位不可替代。习近平总书记曾指出，中华优秀传统文化是我们最深厚的文化软实力，也是中国特色社会主义植根的文化沃土。弘扬传统壁画艺术，需要与时俱进，与现代艺术设计相结合，既能传承传统美学，又能将现代艺术引向世界。近年来，古代壁画所呈现的元素不断地被应用于现代绘画再创作、平面设计以及文创产品设计等领域，呈现的形式也从建筑物拓展到地铁壁画，发展越来越多元化。壁画所承载的文化价值也越来越深厚，吸引了无数国内外研究者。

我国古代壁画在内容、构图、色彩、纹理等方面均有其各自的特点，在每幅壁画的创作过程中，作者都运用了不同的表现形式和构图手法，画面构成有的鲜明艳丽，有的简单勾画，有的紧密相接，也有大量留白。壁画在形式上又分为了墓室壁画、石窟寺壁画、寺庙壁画等多种形式，这些都使得中国古代壁画构成更加样式丰富、千姿百态。比如在内容上有描绘神话故事的朝元图（图1-1），有描绘佛教故事的敦煌壁画（图1-2），也有描绘市井生活的乐舞百戏图（图1-3）。

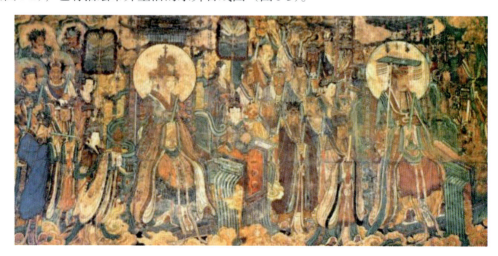

图1-1　朝元图（局部）

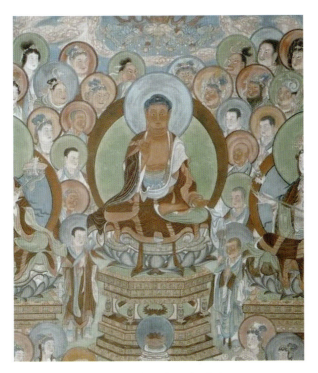

图1-2　敦煌壁画（局部）

图1-3　乐舞百戏图（局部）

　　由于古代壁画大多数地处偏僻位置，自然环境较差，经受着风、雨、雷、电、火、地震、虫害、霉菌等多种自然因素的损坏，以及战乱或盗窃等人力因素的破坏，越来越多清晰完整的壁画正在大量地流失，古代壁画图像已经存在不同程度的损坏，人为修复好的壁画也会随着时间推移变得不清晰，从而丢失重要的细节，图1-4是中国古代壁画几种常见病害问题示例。因此壁画图像的保护工作刻不容缓，如何让这些壁画活起来、用起来以传播和发扬中华文化是一个重要问题。文物数字化保护是在计算机科学、图形图像科学、数字建模学等一系列学科共同发展下出现的产物。在互联网时代，计算机技术蓬勃发展，为文物数字化保护工作提供了良好的发展环境，从而形成了综合图像分割、修复、分类、重建等众多技术的文物保护体系。文化遗产的数字化保护不仅是保护和弘扬文化遗产的国家重大需求，也是面向多学科交叉综合集成的前沿研究课题。文化遗产的数字化由测绘、信息、化学与考古等学科综合而成，利用计算机系统进行文化遗产的数字化重建，是实现文化遗产保护、修复和传承的现代化高科技手段，对于弘扬五千年中华文化，提升科技对文化遗产保护的技术支持，奠定文化遗产数字化生存的理论基础与方法都具有非常重要的作用。丰富的技术手段打破了传统文物保护工作的局限性，使壁画内容能以数字化的形式呈现在世人面前，从而降低了文物信息保护的成本和难度。

(a)裂痕　　　　　　　　　　　　(b)褪色

(c)沙化　　　　　　　　　　　　(d)脱落

图1-4　古代壁画几种常见病害示例

目前，古代壁画保护存在的主要问题是：（1）因地处偏僻，信息化程度低，大部分壁画的修复工作依靠人工通过拼接脱落的壁画碎片或者加固的方法来完成。这要求工作人员具备扎实的人文、美术、考古等知识基础，然而由于我国文物保护人员严重短缺，根本无法满足数量众多的壁画保护的需求，导致人工处理方法的效率极其低下。（2）随着信息技术的发展，虽然一些计算机技术已经应用于古代壁画的数字化保护，但大多是计算机数字图像处理的一些基本技术，如滤波、增强、放大等，而这些基本的处理对壁画的保护效果并不理想；加之古代壁画本身很大、数量众多，随着时间的流逝，古代壁画的缺损面积越来越大，需要研究高效、准确的修复保护方法。

随着深度学习的发展，深层网络展现了较为强大的特征提取能力，端到端的深层特征能有效表达图像更为抽象和内在的信息，各类深度学习算法已被广泛应用于计算机辅助医疗图像分析、社交网络图像分类以及其他计算机视觉领域，这为古代壁画数字化保护带来了契机。如果能够应用深度学习的思想、设计新的深度卷积神经网络模型对古代壁画进行修复保护，必将会大大改善当前古代壁画保护存在的明显不足，使古代壁画保护的智能性、准确性、时效性均得到质的飞跃。因此，结合深度学习思想，研究古代壁画的数字化保护方法，探索突破古代壁画数字化保护的技术瓶颈，具有十分重要的理论意义和实用价值。

1.2　国内外研究现状

一直以来，在不同的研究领域对古代壁画都有智能修复保护的需求。意大利考古专家伊佐（Izzo）等以 Mario Sironi 和 Edmondo Bacci 在威尼斯的两个案例为主，对各种材料和各个年代的意大利壁画绘画技巧进行了深入的探讨研究，旨在了解其保护需求和制定可持续的保护计划。埃及分子生物学专家萨克尔（Sakr）等研究了链霉菌对古埃及墓室壁画的颜色影响及解决方法，为古代壁画的数字化保护奠定了基础。埃及分子生物学专家阿卜杜勒-哈利姆（Abdel-Haliem）等对主要影响古埃及墓室壁画变色的链霉菌进行了分离鉴定，为去除链霉菌提供了新的思路。中国文物保护专家李佳敏等针对莫高窟壁画的加固和有效性问题，通过现场检查以确定以前修复过的壁画是否又出现新的病害。上述研究从美学、生物、化学的角度对古代壁画做了研究，提出了壁画保护的需求，为采用计算机智能信息处理技术保护古代壁画奠定了基础。

1.2.1　古代壁画分类研究现状

从传统的中国国画分类到后来的具有其独有特点的壁画图像，数字化技术已被大量应用于传统艺术作品的研究。现有的对壁画进行自动分类的方法大多数是基于传统的计算机视觉的方法。王琦等首次根据壁画的构图学特征，对壁画内容的位置、语义及内容间的关联关系进行分析，分别从语义领域的语义相关度和主题相关度以及绘画构图学领域的构图显著度三个指标描述壁画内容与检索意图的符合程度。唐大伟等根据壁画图像自身的特点，将轮廓特征作为表达壁画图像语义的重要特征，不仅考虑轮廓线段自身的形状属性，还考虑轮廓的显著度以及轮廓间的整体结构关系，将高层次的轮廓线段的基本特征用于壁画图像相似性度量。唐大伟等针对壁画的类内差异和壁画自身存在的噪声问题，使用了分组多实例的分类方法，通过划分样本空间并在每个划分的子空间内进行训练，对壁画的风格进行了有效分类。中国计算机图形学专家邹秦等通过使用 SIFT 和 KAS 描述符提取敦煌壁画图像的外部和形状特征，并利用深度学习方法对提取到的特征进行编码，最后用监督的方法对 660 张飞天图像进行朝代分类。郝亚博等提出了一种古代壁画人物形象的分类方法。首先用现有的人脸检测先检测到壁画中的人脸，其次提取目标的颜色、纹理和轮廓的加权特征，最后将这些特征按照朝代划分。以上方法应用到壁画分类上都有一定的效果，但使用的都是传统的提取特征和分类算法，并未考虑到低层特征到高层语义的映射，缺乏对图像的语义特征的提取。2019 年，中国地理信息专家李清泉等将壁画图像分类问题转换为壁画绘画风格的分类问题，利用深度卷积神经网络编码壁画中的隐形图形，对其中 7 幅有年代争议的壁画也进行了分类，取得了较好的分类结果。虽然该方法的分类效率效果优于传统的人工分类，与经典的 AlexNet 和 GoogLeNet 相比，准确率也较高，但是与其他改进的卷积神经网络相比，分类效果不佳。可以看出，实现复杂背景下古代壁画数字的朝代自动识别仍然是一个目前亟待解决的研究课题。

1.2.2　古代壁画分割研究现状

当前，古代壁画分割还停留在使用传统分割方法的阶段，较少涉及深度学习领域，所使用方法多用于处理灰度图像，不适用于色彩丰富的古代壁画。常见的古氏壁画分割方法有以下几种：其一是模糊 C 均值（Fuzzy C-mean，FCM），是机器学习中聚类算法的一种，原理是使目标函数划分到同一簇对象间的相似度最大化，减弱不同簇之间的联系。该算法应用范围广，已形成成熟的理论体系，但在古代壁画分割方向上，FCM 算法没有考虑空间信息，对噪声和灰度不均匀敏感，且算法会受样本不平衡的影响，分割样本与目标样本存在差异性。其二是一种较为普及的无监督学习算法 K-means 算法，算法选取 K 个聚类中心，将图像像素进行归类，之后重新划分质心，直到质心位置不变或者达到设定迭代次数后停止划分。算法的缺点较为明显，首先是 K 值的选取需要人为给予，受主观因素影响。另外，待算法评判函数收敛后，聚类结束，其间需要经过不断迭代，而最终得到的结果只是局部最优，全局分割效果较差。其三为常用的壁画分割算法，即 Graph Cuts 及其改进算法 Grab Cut，两种算法分别采用一次性最小化和迭代最小化，使得目标和背景建模的灰度直方图和高斯混合模型

（Gaussian Mixed Model，GMM）的参数更优，从而达到良好的分割效果，但对于构图较为复杂的古代壁画图像，两种算法分割效果较差，而且若用户指定像素作为目标，算法的分割效果也会受到一定的影响。其四是利用均值漂移算法 Mean Shift 进行图像分割，算法的本质是一种核密度估计算法，算法的缺陷是运行速度慢，只适合用于已经建立标准特征的特征数据点集，容易出现目标物之外的图像存在或缺失部分目标物。近几年，深度学习领域飞速发展，改变以往机器学习描述图像特征的方式方法，利用神经网络系统组合图像的低层特征形成抽象的高层特征，并以此表示图像元素的属性类别，发现数据的分布式特征表示——它通过逐层特征变换，将样本在原空间的特征表示变换到一个新特征空间，从而提高图像分割或分类预测的简易程度。图像分割领域常见的分割模型有全卷积神经网络（Fully Convolutional Networks，FCN），基于 FCN 改进的 SegNet（Segment Networks）网络，引入空洞卷积的金字塔场景解析网络（Pyramid Scene Parsing Network，PSPNet）和中国机器学习专家陈亮杰等提出的 Deeplab 系列网络。2021 年，王嘉教授等通过改进残差网络的卷积层数改进 PSPNet 网络，进一步对图像特征进行学习，将多个低层特征图与高层特征图进行融合。此外，国外学者相继提出 U-Net、Mask-RCNN、DeepMask 等图像分割模型，基于深度学习的图像分割技术不断发展，在医学、天文、交通等领域发挥着重要的作用，为古代壁画图像分割提供了新的思路。

1.2.3　古代壁画修复研究现状

中国古代壁画数字化修复还处于起步阶段，但也取得了一些研究成果。焦莉娟等在传统算法——Criminisi 算法基础上进行改进，提出一种改进的块匹配壁画数字化修复算法，在纹理、边缘及平滑部分的修复效果得到改善，但是只适用于修复破损区域跨度较小的脱色等问题，无法生成新元素。任小康等针对在壁画图像纹理方向的修复，在 Telea 算法的基础上，提出了使用小波纹理描述算法对纹理的修复，对于壁画的色彩及纹理修复都有较好的效果，但对于大面积破损区域的修复效果一般。笔者曹建芳等在 Criminisi 算法的基础上，引入张量通过新的优先级函数，最后应用局部搜索策略对待修复区域进行填充。吴萌等改进 CDD 算法的信息扩散方式，用交叉扩散代替正交扩散适应带有确定方向性的信息缺失区域被合理填充，但对于较大缺失区域的纹理修复区域的修补效果一般。李彩艳等采用基于样本的修复算法对标定的泥斑病害区域进行修复，达到了自动标注和虚拟修复的目的，同样的对于修复破损区域的局限性仍然较大。随着计算机视觉和图像处理技术的发展，图像修复技术作为其中的重要部分之一，也得到了快速发展。图像修复算法一般分为传统算法和深度学习算法，传统算法主要有由西班牙图像处理专家贝尔塔米奥（Bertalmio）等提出的基于偏微分方程的方法和美国计算机视觉专家克里米尼西（Criminisi）等提出的基于样本块的修复算法。基于偏微分方程采用的是迭代补全的方法，将缺失区域外的信息逐步扩散到缺失区域，每一步迭代将图像的像素信息沿着等照度线向缺失区域内传播，对于较小的缺失区域，例如对细缝、文字等的补全效果较好，但是对于较大面积的区域的补全效果不佳。基于样本块的算法的思想是从图像区域中寻找合适的样本块填充到图像缺失区域，这种方法虽然能补全较大块的损失区域，但是只能在图像自身或数据库内有相似内容时才会有较好的结果，不能生成新的内容，同时样本块的匹配搜索效率也比较低。基于深度学习的图像修复方法在近几年也得到了快速的发展，2016年，印度计算机专家帕塔克西（Deepak）等首次用到神经网络（Neural Networks，NN）的方法，主要运用卷积神经网络（Convolutional Neural Networks，CNN）和生成对抗网络（Generative Adversarial Network，GAN），提出了一种基于上下文像素预测的无监督视觉特征学习算法，为之后许多方法的提出奠定了基础。计算机视觉专家杨超等提出了一种基于图像内容和纹理约束联合优化的多尺度神经补片合成方法，对高分辨率图像的修复效果有了很大的提升。控制系统工程专家刘桂林等引入了局部卷积，来修复任意非中心、不规则区域。计算机视觉专家俞佳慧等结合传统patch合成方法，利用修复区域周围的纹理信息扩散，达到了更好的修复效果。机器学习专家闫昭义等提出了一种Shift-Net网络，通过计算缺失区域的解码器特征用来指导已知区域编码器特征的移位，从而完成图像修复。计算机专家张浩然等提出了一种端到端的渐进生成网络框架，将图像修复分为几个部分，使用LSTM框架将几部分整合在一起，逐步缩小修复区域，直至将修复区域补全完整。人工智能专家陈奕珍等提出一种基于生成对抗网络的渐进式修复算法，先进行低分辨率图像的修复，逐步细化，直到修复高分辨率图像。大量实验研究发现，在进行壁画图像修复时，直接应用以上传统的图像修复方法仍存在很多缺陷，例如：对图像数据库内没有相似内容的对应壁画缺失区域的修复效果差，对大块缺失区域的修复纹理缺失等问题；深度学习的方法直接用于壁画修复也存在图像特征提取困难、网络模型训练时间长、修复图像的全局整体性不一致等问题。古代壁画的数字化修复还需要探索更加有效的方法。

1.2.4　古代壁画超分辨率重建研究现状

超分辨率重建作为计算机视觉领域重要的图像处理方法，它将一组低分辨率图像作为输入，经过程序最终产生单幅高质量、高分辨率图像，可以提高图像的识别能力和识别精度，在图像相关应用中发挥着极其重要的作用。常见的超分辨率算法可以分为基于传统机器学习的算法和基于深度学习的算法，传统的超分辨率算法有基于插值的方法、基于重建的方法和基于学习的方法。基于插值的方法是较早提出来的相对简单的算法，通过计算低分辨率图像和高分辨率图像之间的配准关系，高分辨率图像由合适的插值算法插值得到。计算机专家崇思堂等提出了双线性插值，计算机工程专家周登文等提出了双三次插值（Bicubic Interpolation，BI），使具有连续性的低分辨率图像通过将待定像素块插入得到高分辨率图像。但是这些方法的适应性比较差，处理场景比较单一，往往会出现边缘模糊和高频细节丢失的问题。基于重建的方法是在得到配准关系的基础上，将得出的高分辨率和低分辨率图像之间的依赖关系作为先验知识，然后利用其重建出高分辨率的图像。美国生物工程专家法修（Farsiu）等提出在傅里叶变换域内，由多帧图像恢复出额外高频信息的超分辨重构，由此拉开多帧图像重建的序幕。以色列计算机图形学专家伊拉尼（lrani）等提出了迭代反投影法，美国计算机专家斯塔克（Stark）等提出凸集投影法，这些方法较好地保证了图像的边缘、细节质量，但重建后的图像存在着边缘锯齿、收敛较慢和计算量大的问题。基于学习的方法采用大量的高清超分辨率图片和对应的低清分辨率图片对设计的模型进行不断的训练，从而使模型不仅能够恢复清晰的图像，而且使图像具有更多高频细节的内容。人工智能专家洪昌等利用局部线性嵌入流形学习的思想，提出了基于领域嵌入的超分辨率重建法，该方法从低分辨率图像块找到与输入图像块最为接近的 k 个邻近，再对有约束条件的最小二值求解得到权值，然后使用这些权值进行重建。该方法对样本有较强的依赖性，容易出现过拟合或欠拟合的现象。2008年，计算机视觉专家杨建超等利用稀疏信号提出了基于稀疏表示的重建算法，该方法需要学习并理解较多的高分辨率图像和低分辨率图像之间的关系并建立完备字典，然后找到低分辨率图像与其对应的矩阵列及系数表示系数，最后把对应的高分辨率矩阵列进行加权完成重建工作，此方法字典完备性不强导致重构的图像边缘细节不高。2014年，计算机视觉专家董超等提出了卷积神经网络的超分辨率（Super-Resolution using Convolutional Neural Network，SRCNN）算法，SRCNN是深度学习在超分辨率上的开山之作，首次使用双三次差值将低分辨率图像放大至原图像的尺寸，仅仅用三层卷积网络和非线性映射，最终输出产生高分辨率的图像。将三层卷积结构解释成三个步骤：图像块的提取和特征表示、特征表示的非线性映射和最终的重建工作，比一般的传统方法效果要好。2016年，董超等在网络上将SRCNN进行了改进，在最后一层使用反卷积层放大尺寸，改变特征维数，使用更小的卷积核和更多的映射层，同时添加了收缩层和扩张层，并且对数据集进行了数据增强。2017年，机器学习专家桐桐等提出了密集跳跃连接超分辨率重建（Super-Resolution Dense Skip Connections Network）算法，采用的稠密块将每一层的特征输入给之后的所有层，使所有层特征串联起来，这样的结构减少了梯度消失的问题，加强了特征的传递，减少了参数的数量。2016年，土耳其信号和图像处理专家阿纳贡（Anagun）等在研究中使用了多种损失函数与Adam优化器结合选择更好收敛的损失函数，增加了网络的残差模块改善模型性能，并使用Charbonnier或L1损失函数降低了模型构建的时间成本。2017年，人工智能专家张轶楠等提出了一种基于迁移学习和深度学习的超分辨率重建方法，该方法不仅可以得到较高质量的高分辨率图像，还降低了模型构建的时间成本。韩国人工智能专家金智媛（Kim）等提出的基于深度循环神经网络的图像超分辨率重建（Deeply-Recursive Convolutional Network，DRCN）在网络中加入循环神经网络，大幅度减少网络参数。2017年，韩国计算机工程专家林美（Lim）等提出了增强深度残差（Enhanced Deep Super-Resolution，EDSR）算法，该算法去除了批量标准化，减少了训练时的空间使用，并且去除了传统残差网络中的不必要模块，取得了很好的超分辨率重建效果。2017年，英国计算机专家莱迪格（Ledig）等提出了基于生成对抗网络的超分辨率重建（Super-Resolution Generative Adversarial Networks，SRGAN）算法，将生成对抗网络应用在解决超分辨率的问题中，利用感知损失和对抗损失减少了图像丢失高频细节、图像平滑的问题，使人有较好的视觉感受，但是得到的峰值信噪比不是很高。2017年，阿根廷人工智能专家阿约夫斯基（Arjovsky）等提出了Wassersein GAN来解决GAN训练不稳定的问题，采用Wasserstein距离代替JS散度来衡量真实图像与重建图像之间的距离，由于使用权重剪枝策略，还是会出现梯度爆炸和梯度消失等问题。2018年，人工智能专家王新涛等对SRGAN做出了改进，生成网络采用密集残差块进行特征提取，使用relativistic discriminator作为判别器，使生成器生成更加真实的纹理细节，保留更多的图像特征信息，但仍存在较多伪影的问题。上述基于深度学习的算法虽然较传统的机器学习算法取得了较好的重建效果，但直接对壁画数据集处理的效果不佳，并且在训练网络模型的过程中不稳定，仍然存在着重建后的图像纹理细节不清晰、过于平滑、重建效果不理想导致研究价值低的问题。关于古代壁画超分辨率重建的研究和成果甚少，有待研究学者们进一步地探索和研究。

1.3　本书主要工作

本书主要阐述了五台山壁画数字化保护传承目前存在的问题和面临的挑战，通过分析五台山壁画缺损区域的构图、纹理、颜色、饱和度、色度、亮度等特征，研究不同的基于深度卷积神经网络的五台山壁画缺损区域自动标定、修复、超分辨率重建的新方法，探索突破五台山壁画数字化保护的理论机制和技术瓶颈，为未来文化遗产的数字化保护传承和应用研究提供一套全新的方法和理论依据。

古代壁画数字化保护研究是近年来的研究热点，不难看出，当前有关该问题的研究也面临很多挑战，许多问题都有待解决。本书围绕古代壁画数字化保护的紧迫需求，对信息不完全条件下古代壁画自动修复涉及的缺损区域自动标定、修复、超分辨率重建等关键问题进行深入探索和研究，主要研究内容如图1-5所示。

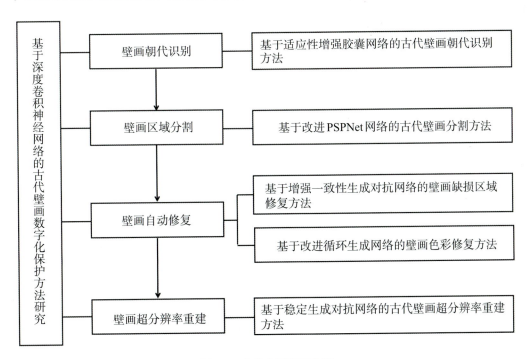

图1-5　本书主要研究内容

从图1-5中可以看到，本书主要研究内容体现在古代壁画的朝代识别、区域分割、自动修复和超分辨率重建等方面，具体包括如下。

1. 古代壁画朝代识别方法研究

本书提出一种适应性增强胶囊网络的古壁画朝代识别算法。首先，增加卷积层的数量，将原有的单卷积层改为连续的3个激活层对壁画图像进行高层特征提取；其次，对所有的特征提取层进行均层激活；最后，为了让胶囊网络更适用于壁画图像的特征提取，对胶囊网络的特征胶囊层参数和类别胶囊层参数根据壁画图像的特点进行了调整，最终实现了对古代壁画的朝代识别算法研究。

目前，历史专家、考古专家对壁画进行朝代识别主要通过对壁画本身的绘画内容（包括人物服饰、生活场景和艺术形象等）、壁画所绘墙体上的落款文字，以及壁画所用的颜料进行年代分析、研究和测定，或者查阅一些历史文献中的记载，最终确定其属于哪个朝代。面对具有复杂背景和丰富色彩信息的壁画图像，如果仅仅通过研究者们肉眼去识别壁画的朝代分类，需要浪费较大的人工成本和时间成本，且不能有效地与计算机数字技术相结合，缺乏一定的高效性和创新性。本书将计算机技术与复杂背景下的壁画图像相融合，提出了基于深度学习的古代壁画朝代识别算法，并将其应用于数字化博物馆领域，从而满足艺术研究者们的工作需求，识别壁画的朝代并进行正确的分类对研究壁画图像中特有的文化价值有重要意义。

2. 古代壁画区域分割方法研究

本书提出一种融合深度可分离结构的PSPNet模型。首先，将带有深度可分离卷积网络结构的MobileNetV2网络作为图像特征提取器，利用点卷积对处理过后的特征在深度方向上进行加权组合；然后，利用PSPNet网络特有的全局金字塔模块提取特征图最大池化后的图像特征语义信息；最后，利用反卷积方法对低纬特征上采样，各层级的特征图通过拼接融合生成预测图，形成壁画图分割模型。

传统分割方法适用面狭窄，多用于处理灰度图像的分割问题，不适用于色彩艳丽的壁画图像。而源于机器学习的深度语义分割模型利用卷积神经网络，更为高效地保留壁画图像的特征信息，使得壁画分割后的图像在特征细节方面有更好的表现。本书将深度可分离卷积神经网络与主流图像分割模型进行结合，并对相关模型进行细节方面的改进，以达到更好的图像分割效果。深度学习模型的引用削弱了人为因素的影响，在提高分割效率的同时减少了图像特征信息的损失，这对图像保护工作有极为重要的意义。

3. 古代壁画修复方法研究

本书首先提出一种增强一致性生成对抗网络模型对古代壁画缺损区域进行修复的方法。以生成对抗网络为框架，在生成网络中将带有掩码的壁画图像进行补全，判别网络对生成网络的输出图像和真实的壁画图像进行判断，在对抗中逐渐完成生成网络的建模，直至该模型达到预期的修复效果，完成对壁画图像缺损区域的修复。其次提出一种改进的循环生成对抗网络模型对古代壁画色彩进行修复。通过在循环一致性损失中添加同一映射损失，融合多尺度改进协调注意力机制，并在生成器中引入多尺度融合的协调注意力机制，对图像进行卷积核大小为1×1、3×3、5×5、7×7的多尺度卷积运算，提高生成图像的协调性，完成对壁画图像色彩的修复。

现有的壁画修复技术大致可以分为两类：一类为传统的图像修复，另一类为基于深度学习的图像修复。传统修复算法存在语义一致性差、边缘模糊及伪影等问题，而基于深度学习的图像修复方法，大多需要高精度数据集。因此，本书改进生成对抗网络模型用于古代壁画的缺损区域修复和色彩修复，使壁画图像在高频细节信息和图像整体表现上有更好的效果，最终使壁画图像更加清晰完整、生动形象，更加优美地展现在大众面前，促进了壁画图像真正活起来、用起来，使得中华文化更好地传承和发扬。

4. 古代壁画超分辨率重建方法研究

本书提出一种稳定增强生成对抗网络的超分辨率重建模型。该模型以生成对抗网络为基础框架做出改进，生成网络采用稠密残差块提取图像特征。同时，引入感知损失、内容损失和对抗损失共同优化模型，在计算感知损失时，使用激活前的特征信息进行计算，使用WGAN-GP（Wasserstein Generative Adversarial Nets - Gradient Penalty）理论优化模型的对抗损失，另外使用公开数据集预训练生成网络模型。最终通过壁画超分辨率重建实现对壁画的预防性保护。

一直以来，古代壁画的艺术研究大部分钻研于对当时绘画风格的探索、模仿和总结，用现代绘画技术模仿并重现当时的壁画风貌成为研究的基础。但由于古代壁画经过无数的人为因素和长时间大自然的风吹雨淋之后，原本平整清晰的图像已被一层薄雾所遮盖，壁画纹理细节已经变得模糊不清，部分壁画已破损，现存的古代壁画产生了各种损害和侵蚀。因此，要对现存的壁画进行预防性保护，即是对壁画进行超分辨率重建工作，将细致的纹理线条和整体色彩结构清晰地展现出来，在数字化壁画传承的同时，也提高了壁画的研究价值。

1.4　本书组织结构

本书共分为六章，结构安排如图1-6所示。

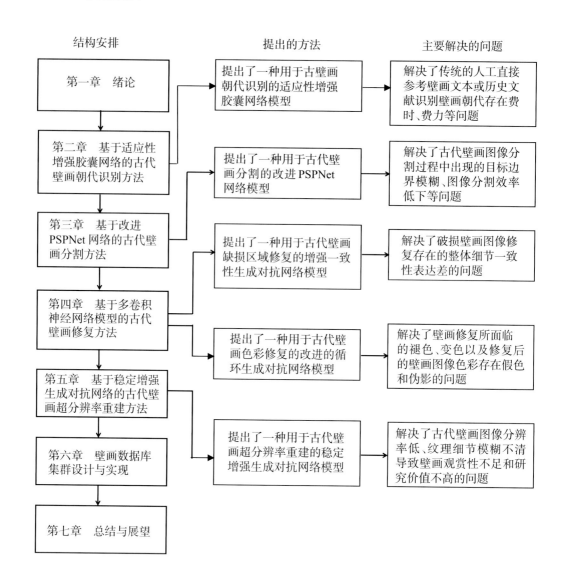

图1-6 本书内容结构

　　第一章是绪论。首先从总体上介绍了课题的研究背景及意义，阐述了古代壁画数字化保护研究的需求，然后对古代壁画数字化保护的国内外研究现状进行了详细的总结，最后介绍了本书的主要工作和组织结构。

　　第二章是基于适应性增强胶囊网络的古代壁画朝代识别方法。针对壁画图像自身存在多义性、不同朝代的壁画绘画风格存在差异性和传统的人工直接参考壁画文本或历史文献识别壁画朝代存在费时、费力等问题，提出一种基于适应性增强胶囊网络（Adaptive Enhancement Capsule Network， AECN）的古代壁画朝代识别算法，对壁画自动进行朝代识别。在原生胶囊网络的基础上，首先引入预先卷积结构对壁画图像进行高层特征提取；其次增加均层激活以增强模型的拟合性能；最后对胶囊网络进行适应性增强，在提高梯度平滑度的基础上，利用自适应学习率进行模型优化提高模型的分类精度。实验结果表明，在所构造的DH1926壁画数据集上，适应性增强胶囊网络模型的准确率为84.44%。与改进的卷积神经网络和原生胶囊网络等其他网络结构相比，各项评价指标均提升了3%以上，有较强的拟合性能，能够多层次地提取壁画的丰富特征，表达图像中更细节的语义信息，在壁画朝代识别中具有更高的准确度和更好的鲁棒性。

第三章是基于改进PSPNet网络的古代壁画分割方法。针对壁画图像分割过程中出现的图像缺失、模型硬件配置要求高等问题，设计出一种改进的PSPNet壁画图像分割模型，模型将PSPNet网络与含有DW和PW结构的深度可分离网络相结合，融合倒转残差模块，对图像特征进行倒转维度变化的方式，转移特征提取的维度，使卷积核的尺度在数值上低于输出通道，从而降低卷积层的时间复杂度和空间复杂度，提升模型的分割效率。同时，模型利用短切的方式，实施网络层间的跨越，降低由梯度发散而导致的特征提取误差，从整体上提高模型分割精度。实验证明，改进后的PSPNet模型降低了网络学习的代价，在摆脱模型训练对大中型设备的依赖，提升模型分割精度方面有着积极的意义。

第四章是基于多卷积神经网络模型的古代壁画修复方法。首先，针对古代壁画由于历史风化出现不同程度的起甲、脱落等问题，提出了一种增强一致性生成对抗网络的算法修补壁画缺失区域。该算法以生成对抗网络为框架，使用全卷积网络中的卷积层提取深层的图像特征信息，然后经过反卷积将特征映射到原图像大小的图像空间，输出修复的图像，完成生成网络设计。在判别网络中使用全局判别网络和局部判别网络，判断生成网络修复的图像是否在图像整体和补全区域两方面都表现为真实壁画图像。在对抗学习中优化生成网络模型和鉴别网络模型，更好地完成对壁画待修复区域的补全。生成网络引入空洞卷积增大卷积核感受野，各网络卷积层加入批标准化等在细节方面对网络进一步优化。其次，针对唐代壁画修复所面临的褪色、变色以及修复后的壁画图像色彩存在假色和伪影的问题，提出基于循环生成对抗网络的壁画色彩修复算法（MFCA-CycleGAN）。先在循环一致性损失中添加同一映射损失，再对协调注意力机制进行改进，提出多尺度融合的协调注意力机制，最后在生成器中引入多尺度融合的协调注意力机制，对图像进行卷积核大小为1×1、3×3、5×5、7×7的多尺度卷积运算，提高生成图像的协调性。实验结果表明，提出的修复算法较好地完成了壁画图形的修复，为古代壁画数字修复工作作出了贡献。

第五章是基于稳定增强生成对抗网络的古代壁画超分辨率重建方法。针对古代壁画图像分辨率低、纹理细节模糊不清导致壁画观赏性不足和研究价值不高的问题，提出了一种稳定增强生成对抗网络的超分辨率重建算法（stable enhanced super-resolution generative adversarial networks， SESRGAN）。该算法以生成对抗网络为基础框架做出改进，生成网络采用稠密残差块提取图像特征，经过上两次采样将图像的特征信息输入高分辨率的图像空间实现分辨率的提升，最终生成重建后的高分辨率图像；判别网络使用VGG网络作为基本框架判断输入图像的真假，在网络模型细节方面做了进一步优化。同时引入感知损失、内容损失和对抗损失共同优化模型， 在计算感知损失时，并使用激活前的特征信息进行计算， 使用WGAN-GP理论优化模型的对抗损失。另外，使用公开数据集预训练生成网络模型，以获得更好的初始化。仿真实验结果表明，与其他相关的超分辨率算法相比，提出的算法的各项评价指标有所提高，主观感知评估也有提高，从而验证了本书提出的算法的重建效果较为理想，纹理更真实，并且亮度也有了一定的提升，更符合大众视觉感观的效果，为今后古代壁画的超分辨率重建工作提供了良好的参考价值。

第六章是壁画数据库集群设计与实现。基于MySQL的壁画数据库集群的核心技术及原理，设计并完成壁画数据库集群的部署与测试，实现壁画朝代识别、缺损区域分割标定、修复及超分辨率重建之后壁画图像的规范存储。

第七章是总结与展望。对全书的研究工作进行总结，并提出了下一步需解决的问题和研究方向。

1.5　本章小结

本章概述了课题的研究背景和意义，详细介绍了与本书研究工作相关的国内外研究现状，最后说明了本书的主要工作和组织结构。

第二章 基于适应性增强胶囊网络的古代壁画朝代识别方法

本章针对壁画图像自身存在多义性、不同朝代的壁画绘画风格存在差异性和传统的人工直接参考壁画文本或历史文献识别壁画朝代存在费时、费力等问题，提出一种适应性增强胶囊网络（AECN）模型对古代壁画的朝代进行识别。该算法在原生胶囊网络基础上，首先引入预先卷积结构对壁画图像进行色彩、纹理等高层特征的提取；其次对预卷积层和网络层增加均层激活以增强模型的拟合性能；最后对胶囊网络进行适应性增强改进，并在提高梯度平滑度的基础上，利用自适应学习率进行模型优化，以提高模型的分类精度。

2.1 相关理论

胶囊网络在卷积神经网络的基础上，充分地利用了特征图的空间层次关系。胶囊网络的原理是通过特征胶囊层从原图中抽取图像特征形成胶囊特征图，类别胶囊层将特征胶囊层中的各个特征对应到不同的类别。胶囊网络中的胶囊之间通过动态路由算法进行参数的更新，在路由过程中，每个胶囊均是一个向量，作为输入的刺激，通过对胶囊进行运算，得到输出的胶囊层，在此基础上，每个胶囊保留空间层次关系的特征，然后传入下一层的类别胶囊层进行处理。其中，胶囊层映射关系是通过动态路由算法来实现。

特征胶囊层中形成胶囊特征图中的胶囊 u_i 与一个权重矩阵相乘得到临时特征胶囊 t_{ji}，计算公式为

$$t_{ji} = u_i W_{ij} \tag{2-1}$$

其中，i 代表特征胶囊层中特征的序号，j 代表类别胶囊层某个类别加工的序号。

输出临时类别胶囊 S_i 由临时特征胶囊 t_{ji} 和一个权重 c_{ji} 相乘得到，计算公式为

$$S_i = \sum_i c_{ji} t_{ji} \tag{2-2}$$

胶囊的输出部分是使用 squashing 压缩函数对 S_j 进行规格化处理，得到输出类别胶囊 V_j，计算公式为

$$V_j = \text{squashing}(S_j) \frac{\|S_j\|}{\|1 + S_j\|^2} \cdot \frac{S_j}{\|S_j\|} \tag{2-3}$$

胶囊网络通过更新 c_{ji} 的值来使结果更优，c_{ji} 的是通过权重概率 b_{ij} 来更新的，计算公式为

$$c_{ji} = \text{softmax}(b_{ji}) = \frac{\exp(b_{ji})}{\sum_k \exp(b_{ji})} \tag{2-4}$$

其中，权重概率 b_{ji} 的计算公式为

$$b_{ji} = t_{ji} V_j + b_{ji} \tag{2-5}$$

最后，求出 V_j 的模长，即目标是 j 类别的概率。胶囊网络使用 Margin loss 作为其损失函数，得到损失 L，计算公式为

$$\text{Accuracy} = \frac{\sum_{i=0}^{n-1} [f(x_i) = y_i]}{N} \tag{2-6}$$

其中，n代表类别数；R_j是one-hot类型标签的值，正确类别和错误类别分别为1和0；变量m^+和m^-分别是自己定义的合格的上限阈值和不合格的下限阈值；v_j是整个网络训练中的预测结果与对应的阈值先进行减法运算，再平方最后取均值的结果，相当于预测结果和阈值的欧式距离的误差。

胶囊网络对于手写数字图像数据集（MNIST）的分类效果较好。但是由于壁画图像颜色更丰富、色彩梯度变化较为显著、纹理特征更加复杂，加上很多石窟的壁画图像在绘画内容和绘画文本上有极大的相似之处，直接使用原生胶囊网络，不能深度地提取壁画图像的丰富特征，会造成分类精度不高。因此，为了提高对敦煌不同石窟的壁画图像所属朝代的识别精度，对古代各个时期的壁画图像进行更好的检索、识别和分类，提出适应性增强胶囊网络模型。

2.2　适应性增强胶囊网络模型

2.2.1　整体结构

本章提出的用于古代壁画图像分类的适应性增强胶囊网络的整体结构如图2-1所示。

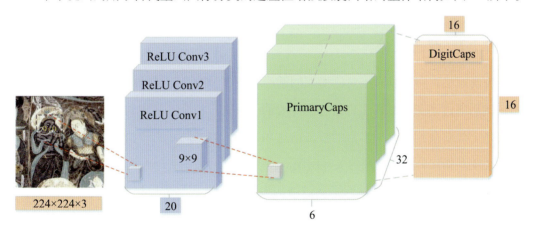

图2-1　适应性增强胶囊网络的整体结构

适应性增强胶囊网络首先经过三层卷积提取到输入图像的二维图像特征，其次将其传给特征胶囊层形成高维特征胶囊，最后再通过类别胶囊层的动态路由算法映射到最终的分类结果上。

图2-1中的conv代表卷积层，其后第一个参数是卷积核大小，第二个参数是卷积

步长，第三个参数是卷积输出层数，如"conv-3-2-64"是指用3×3和步长为2的卷积核对特征图进行卷积操作，得到一个64层的特征图。

PrimaryCaps是特征胶囊层。该层使用一个卷积操作抽象输入图像的特征，再封装成胶囊，如"PrimaryCaps（conv-32-16-256）（8-32）"是使用大小为32、步长为16的卷积核进行卷积操作，输出256层特征图，最后将其打包成32层且内容长度为8的胶囊特征图。

DigitCaps是类别胶囊层。该层包含10个类别胶囊，其作用是将特征胶囊层的特征胶囊映射到类别胶囊，如"DigitCaps（32-6）（8-16）16-6"中的每个胶囊内部，对于每一个输入向量，通过8×16个浮点数且大小为32×6的胶囊权重矩阵将输入特征胶囊层转化为6个16维的特征胶囊，用来表示特定类别胶囊的向量模长，即目标为某一类别的置信度。

适应性增强胶囊网络采用Adam优化器进行整个模型参数的优化，学习率为$1×10^{-9}$，通过使用梯度的一阶矩和二阶矩来更新学习率，使之可以在增加收敛速度的同时获得最优解。Adam优化器集成了Adagrad优化器和RMSProp优化器的主要优点，其具有计算效率高、内存占用率低的优点。在实际应用方面，该优化器可以更好地处理噪声样本，并且具有一定的退火效果。

2.2.2　改进之处

胶囊网络在特征胶囊层对已提取的图像特征通过胶囊封装的方式获取特征间的关系，然后通过动态路由算法将这些特征间的关系进行拟合，实现与分类标签之间的对应关系。故获取到壁画中丰富的特征信息和语义信息，防止出现语义鸿沟是胶囊网络在古代壁画朝代分类中使用的关键问题。

首先，适应性增强胶囊网络通过增加多个预先卷积层进行更深层次的特征提取，充分获取壁画中丰富的特征信息和语义信息；其次，对卷积层进行均层激活，避免在反向传播中出现梯度消失的问题，提高模型的拟合性能，并对原先胶囊网络的特征胶囊层参数进行改变，增强网络适应性；最后，利用自适应优化算法对整个预卷积层的参数进行优化，以提高模型的平滑度。

1. 引入预先卷积层增强网络表达能力

原生胶囊网络的卷积部分仅仅使用一个卷积操作对图像的特征进行提取，对于具有复杂特征的224×224×3的古代壁画照片，一个卷积操作无法提取到可以反映目标特征的高层抽象特征，造成壁画朝代分类的效果不好，就需要更多的卷积层才能获取到壁画图像的色彩、绘画风格等丰富的细节特征，才能对壁画图像的语义特征进行更好的表达。因此，使用3个连续的卷积层替代原生胶囊网络的单层卷积层，实现壁画图像高层抽象特征的提取。

AEC的预卷积部分由3个卷积层组成，如图2-2所示。

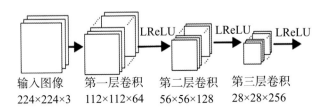

图2-2　预卷积部分的结构

适应性增强胶囊网络输入的是大小为224×224×3的图像，第一层卷积操作使用64个大小为3×3的卷积核，以横竖均是2的步长在原图上进行移动卷积操作，使用SAME方式进行边缘填充。

适应性增强胶囊网络层使用64个卷积核，输出的结果是64层的特征图，即112×112×64。第二层使用128个和第一层相同的卷积核，输出的结果是128层的特征图，即56×56×128。第三层使用256个3×3的卷积核，输出的结果为28×28×256。

通过三层小卷积核小步长进行预先卷积处理，将原图预先处理成多个抽象性更好的二维特征，之后就可以形成具有更高表达能力的特征胶囊。

2. 采用卷积层均层激活提高拟合性能

为了避免预卷积部分的反向传播中梯度消失问题对壁画朝代分类结果的影响，需要使用合适的激活函数对向下一层传播的特征进行整理。而为了使模型具有更好的拟合性能和收敛速度，替换原始网络中的激活函数，并对增加了预先卷积的网络中的每个卷积层进行激活。

适应性增强胶囊网络在每一个卷积层之后均使用Leaky Relu激活函数。Leaky Relu激活函数是Relu函数的一种变体，属于非饱和激活函数，允许基于梯度的学习，解决了Relu函数的导致神经元在进入负区间后不进行学习的问题，具备了Sigmod、Tanh等饱和激活函数的优点，比如在一定程度上解决一些梯度消失问题、加快收敛速度等。在Leaky Relu激活函数中，输入正值时，输出结果即原数据；输入负值时，输出则为一个非零斜率和原数据的乘积。Leaky Relu 激活函数的数学表达式如下：

$$y_i = \begin{cases} x_i, & x_i \geqslant 0 \\ \dfrac{1}{a} x_i, & if\, x_i < 0 \end{cases} \tag{2-7}$$

其中，y_i 是输出，x_i 是输入，a 为一个常数，适应性增强胶囊网络 a 的值为 5，其函数图像如图 2-3 所示。

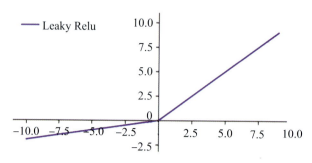

图2-3　Leaky Relu 函数

Leaky Relu 激活函数可以使网络具有更好的拟合性能，解决梯度消失问题，并且使收敛速度大幅提高。

3. 调整特征胶囊层参数改进网络适应性

由于在卷积部分输入的图像大小和输出的类别个数的不同，故需要对卷积部分进行适应性改变。原生胶囊网络使用一个卷积操作进行特征提取，使用 256 个大小为 9×9 的卷积对大小为 28×28×1 的图像进行卷积处理，得到大小为 20×20×256 的特征图，最终输入特征胶囊层进行分类。适应性增强胶囊网络通过预卷积部分后，得到大小为 28×28×256 的特征图，将其输入特征胶囊层中进行分类。

适应性增强胶囊网络的特征胶囊层将卷积部分输出的特征图转换为胶囊，其具体转换过程是通过卷积操作，将大小为 28×28×256 的特征图转换为大小为 14×14×256 的特征图。转换过程中的卷积操作使用 256 个大小为 3×3、步长为 2 的卷积核对特征图进行卷积，得到 50 176 个特征，并以每 8 个特征为一组进行分组，形成 6272 个大小为 8×1 的胶囊。故在特征胶囊层的部分参数进行修改以提高胶囊网络的适应性。特征胶囊层的参数变化见表 2-1 所列。

表2-1　特征胶囊层的参数变化

参数项目	CapsNet	AEC
输入特征图	20×20×1	28×28×256
卷积核个数	256	256
卷积核大小	9×9×1	3×3×256
卷积移动步长	2	2
输出特征图大小	6×6×256	14×14×256
输出特征个数	9216	50176
封装成胶囊的个数	1152	6272
封装成胶囊的大小	8×1	8×1

类别胶囊层中的动态路由算法主要包括胶囊间的路由和胶囊内的路由两个部分。为了适应特征胶囊层传入的胶囊个数和输出的类别个数的不同，胶囊间的路由算法的参数也进行了适应性改变，使得网络模型有更好的性能和表达能力。

胶囊间的动态路由将代表特征的6272个特征胶囊与权重矩阵做运算映射到最终分类的6个类别胶囊中，其中的运算映射即将大小为1×6272的特征胶囊矩阵点乘6272×6的权重矩阵得到6×1的类别胶囊矩阵，类别胶囊矩阵中的元素为代表不同类别的类别胶囊。类别胶囊层的参数变化见表2-2所列。

表2-2　类别胶囊层的参数变化

参数项目	CapsNet	AEC
特征胶囊数量矩阵	1×1152	1×6272
权重矩阵	1152×10	6272×6
类别胶囊数量矩阵	10×1	6×1

胶囊内的动态路由仍然沿用胶囊网络的参数设定，将代表图像中抽象特征长度为8的特征胶囊与权重矩阵做运算映射输出到代表类别特征长度为16的类别胶囊中，即大小为1×8的特征胶囊点乘一个大小为8×16的权重矩阵得到16×1的类别胶囊。最后，通过计算每个类别胶囊的模长，得到输出类别为当前类别的置信度，得到分类结果。

4. 利用自适应学习率算法提高梯度平滑度

为了使适应性增强胶囊网络在训练过程中梯度更加平滑，适应不同的目标函数，采用自适应学习率的Adam优化器进行整个网络反向传播中各项参数的优化。优化过程中的学习率定义为1×10^{-9}，Adam优化器具有很高的计算效率和较低的内存需求，通过计算损失梯度的一阶矩和二阶矩来更新学习率，适用于解决包含很高噪声或稀疏梯度的问题，使之可以在训练模型的过程中，在提高收敛速度的同时获得极优解。

2.3 实验结果与分析

2.3.1 实验环境

实验选用Intel Corei5-8250U1、60 GHz的处理器、NVIDIA Geforce MX150显卡以及16 GB内存。所用计算机的操作系统为Windows 10。实验将Python3.7作为网络编程语言，选择深度学习中的TensorFlow框架进行程序编写。使用Pycharm 3.5 ×64编译器对语言进行编译。

2.3.2 实验数据集

1. 壁画

敦煌壁画在构图上不受时间、地点及自然环境等的限制，无论在色彩、装饰或纹理方面，与自然图像都存在本质上的差别，主要表现为：

（1）壁画图像的纹理复杂。由于壁画图像绘制于墙壁，与普通相机拍摄的自然图像相比较，壁画图像的纹理更加复杂；

（2）壁画图像的色调存在一定的色彩梯度变化。壁画图像的颜料使用矿物质颜料，且色彩的面积较大，与自然图像相比，其色彩存在一定的主观意向性；

（3）壁画自身的文本内容多元。敦煌壁画图像的绘画内容包括供养人、佛、菩萨、建筑等其他多元的艺术形象；

（4）壁画图像自身存在的主观性和多义性。

其中，不同朝代的壁画图像在色彩、绘画风格、语义特征等方面均有较大差异性。

2. 数据集内容

实验使用的敦煌壁画图像数据集（DH1926）均截图于《中国敦煌壁画全集》电子资源画册。根据画册中的各个壁画所标注的时代标签，将所截取的所有壁画分为北魏、北周、隋朝、唐朝、五代和西魏6个不同的时期，最终一共收集1926张壁画图像数据，每个类别的图像数量分布见表2-3所列，各个时期的示例图像如图2-4所示。

表2-3　DH1926数据集的数据结构

壁朝代类别	原数量/张
北魏	303
北周	276
隋朝	271
唐朝	341
五代	270
西魏	465

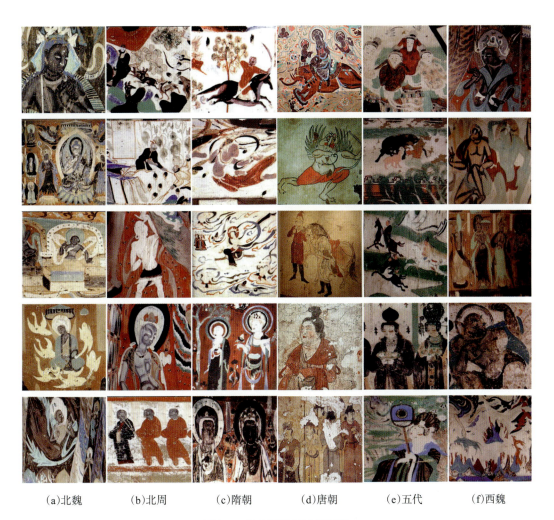

(a)北魏　　(b)北周　　(c)隋朝　　(d)唐朝　　(e)五代　　(f)西魏

图2-4　各个朝代的示例图像

　　由于壁画图像资源有限，为了防止因图像资源较少导致没有训练到位或出现过拟合现象影响分类效果，本章实验通过归一化将图像修改为224×224像素大小，然后采用数据增强方式对原壁画图像进行处理，将壁画图像由1926张拓展至9630张。图2-5为数据增强处理后的部分图片。数据增强方式包括提亮1.5倍、旋转90°加噪、旋转45°和旋转90°，其中每类选用200张壁画图像作为测试集，其他图像作为训练集。拓展后的各类别图像数量、训练集数量与测试集数量见表2-4所列。

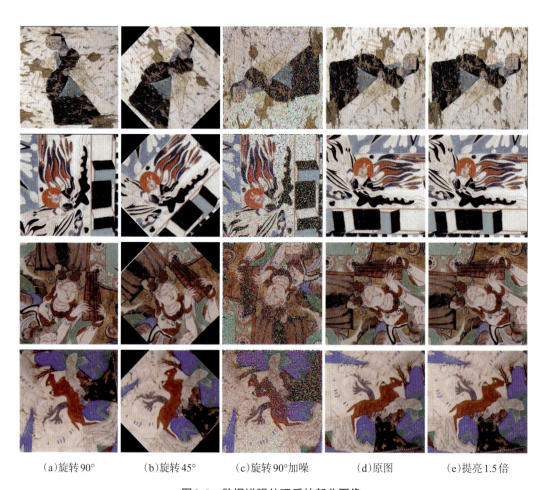

(a)旋转90°　　　(b)旋转45°　　　(c)旋转90°加噪　　　(d)原图　　　(e)提亮1.5倍

图2-5　数据增强处理后的部分图像

表2-4 数据集的内容

数据集	数据增强/张	训练集/张	测试集/张
北魏	1515	1315	200
北周	1380	1180	200
隋朝	1355	1155	200
唐朝	1705	1505	200
五代	1350	1150	200
西魏	2325	2125	200
合计	9630	8430	1200

由表2-4可以看出，数据增强后的壁画图像共9630张。经过专家对数据集进行评审和将实验结果与原时代标签结果进行比对，验证了DH1926数据集在本章算法中的有效性。

2.3.3 实验验证

为了验证本章所提出的AEC（适应性增强胶囊网络）有更好的识别和分类性能，分别在两个方面进行了对比实验。首先，在网络结构上，本章均使用DH1926敦煌壁画数据集，分别就不同的激活函数和优化函数进行实验，然后分别针对不同的网络模型进行实验，将平均损失、准确率、平均精确率、召回率、平均召回率和综合评价指标F1作为评价指标，评估最终的实验结果与训练过程中模型的性能。

损失值指预测朝代类别标签与设定的朝代类别标签之间的距离，并计算平均损失值。

准确率（Accuracy）是指正确识别的朝代标签数量占所有时代标签总数量的比重，准确率的值代表模型的正确识别的标签的概率。

$$\text{Accuracy} = \frac{\sum_{i=0}^{n-1}[f(x_i) == y_i]}{N} \tag{2-8}$$

其中，N为带朝代标签的壁画数量总数，x_i为第i个壁画图像样本，y_i为第i个壁画图像样本的预设朝代标签。

准确率是一次测试的样本中正确的个数与所有样本个数的比值。精确率即检索某类样本中正确的个数与所有检索总数的比值，平均精确率（m_{AR}）即所有类别精确率的平均值。召回率（Recall）即某一类样本中检测正确的样本的比例，平均召回率

（m_{AR}）即所有类别召回率的平均值。综合评价指标 F_1 即精确率和准确率的加权调和平均，其计算公式如下：

$$F_1 = \frac{2 \cdot m_{AP} \cdot m_{AR}}{m_{AP} + m_{AR}} \tag{2-9}$$

其中，F_1 代表综合评价指标，m_{AP} 代表平均精确率，m_{AR} 代表平均召回率。

1. 卷积层数量的确定

本章在原胶囊网络的基础上增加了卷积层的数量，从而提高模型对壁画图像的特征表达能力，提取壁画的高层特征。为了验证卷积层的数量对网络表达能力的影响，选择cov-1、cov-2、cov-3三种情况分别进行对比实验。其中，cov-1代表只有一个卷积层，cov-2代表有两个卷积层，cov-3代表有三个卷积层，对比情况如图2-6所示。

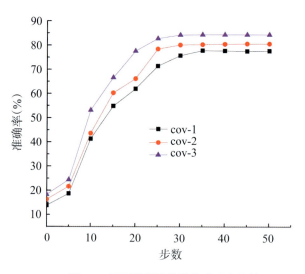

图2-6　不同卷积层数量的准确率比较

从图2-6中可以看出，随着卷积层数量的增加和网络深度的增加，cov-3 相对于cov-1、cov-2有更高的识别准确率，这是因为卷积层数量增加使得模型的特征表达能力进一步增强，能够提取更丰富的局部特征。

2. 不同激活函数的对比实验

激活函数可以影响整个实验过程中训练数据和模型的收敛速度，合适的激活函数可使网络表现出更好的性能。保持其他参数不变，选用Relu、Leaky Relu 和 Elu 等3种激活函数分别进行实验，测试激活函数对损失值、准确率和其他综合评价指标的影响。实验结果对比情况如图2-7所示。

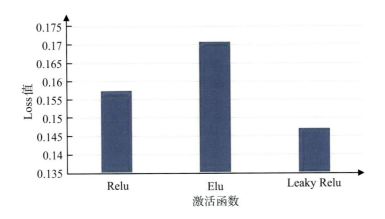

(a)不同激活函数的Loss结果

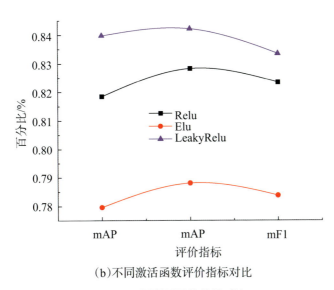

(b)不同激活函数评价指标对比

图2-7 不同激活函数结果对比

Loss值在图2-7（a）中是训练中的损失值。在其他参数不变的情况下，Leaky Relu函数的Loss值在整个训练过程中较低。Elu函数的Loss值最高，它是线性单元函数，因为在计算时需要计算指数，导致其计算时间较长，且计算速度比其他两个函数慢。Relu函数有信息丢失的情况，导致其Loss值高于Leaky Relu函数。这表明Leaky Relu函数能够克服其他两种函数的缺陷，减少信息的损失。从图2-7（b）中可知，Leaky Relu函数在各项指标中的值都较高，相较于其他函数，其更适于在AEC中进行网络模型的参数优化。

不同激活函数的准确率对比见表2-5所列，表2-5中的数据说明Leaky Relu函数应用于AEC时能够获得较高的准确率，Relu函数与Elu函数的准确率相差不大。

表2-5　不同激活函数的准确率对比

函数名称	准确率/%
Elu	78.17
Relu	79.67
Leaky Relu	84.44

3. 不同优化器的对比实验

优化器可帮助模型进行参数更新，减少优化模型中的损失及在训练过程中的代价。本章实验选用常用的5种优化器，在激活函数为Leaky Relu的基础上分别进行对比实验。不同优化算法的对比结果如图2-8所示。

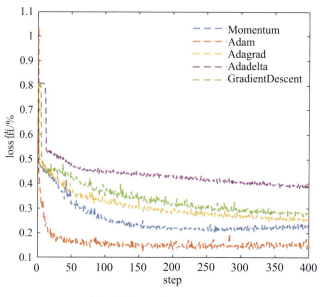

（a）不同优化函数的Loss变化

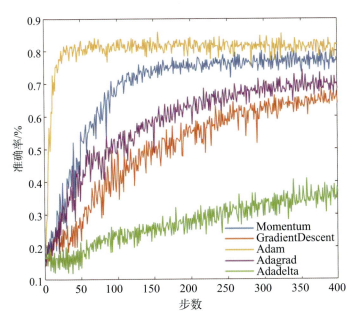

(b)不同优化函数的准确率变化

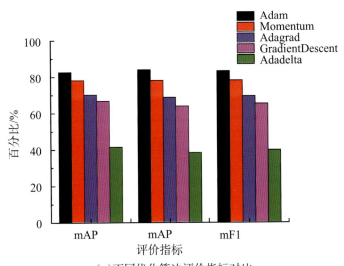

(c)不同优化算法评价指标对比

图2-8 不同优化算法结果对比

从图2-8(a)中可以看出，在训练次数相同时，5个优化函数的Loss值相对稳定，未见明显的波动。Adam函数的损失小于其他4个优化函数的损失。由于Adam函数是一种自适应学习率优化算法，用于目标函数的小批量梯度随机优化，其能保证训练中的学习率，确定在一个合适的范围，并且不会使学习在参数迭代中变短。Adam函数能更快地找到全局最优值，避免了学习速率衰减和模型振荡的现象，学习速率根据参数的变化方向自动调整。在图2-8（b）和图2-8（c）中，Adam函数的精度最高，且稳定在50步左右。综合评价指标值高于其他优化算法，在AEC模型的优化中性能更好。

4. 壁画颜色特征与纹理特征影响的验证

在壁画朝代识别的实验中，壁画图像的颜色特征、纹理特征和绘画风格对实验结果会产生较大的影响，而绘画风格是基于颜色特征的体现，色彩与纹理差异较大的朝代之间的识别准确率较高。基于上述情况，实验从以下两个方面进行对比实验：

（1）为了验证壁画图像的颜色特征对识别效果的影响，选取一部分朝代图像对其进行颜色调整后再进行朝代识别；

（2）为了验证壁画图像的纹理特征对识别效果的影响，考虑到图像的分辨率变化直接影响到纹理特征的计算，故实验对一部分壁画图像的分辨率进行调整后再进行朝代识别。

图2-9为一部分壁画图像的颜色调整示例。其中，图2-9(a)图像为实验所用299×299的原壁画图像，图2-9(b)为在图2-9(a)的基础上增加灰度值，图2-9(c)为在图2-9(a)的基础上增加饱和度值，图2-9(d)为在图2-9(a)的基础上进行反色变换。

(a)原图　　　　　(b)增加灰度值　　　　(c)增加饱和度值　　　　(d)反色变换

图2-9　颜色调整后的壁画示例

不同朝代、不同颜色特征壁画识别的准确率比较见表2-6所列，从表2-6中可以看出，在对壁画图像进行灰度值增加与反色变换后，最终的识别准确率都有所下降，平均下降了46个百分点；在对壁画图像进行了饱和度增强后，壁画的朝代识别准确率下降了4个百分点。上述数据表明，在壁画失去一部分颜色特征后，本章模型并没有提取到壁画图像丰富的色彩特征，导致在识别朝代时，并不能很好地对特征进行学习和分类。

表2-6　不同朝代、不同颜色特征壁画识别的准确率比较

颜色调整	准确率/%
原图	95.89
增加灰度值	37.56
增加饱和度	91.86
反色变换	60.54

注：表中数据为图像被识别为预设时代标签的百分比。

　　由于图像的纹理特征受到图像分辨率的影响，本实验将原图像的分辨率扩大至3
倍、5倍后，分别应用于本章模型，判断其被识别为原朝代的百分比。

　　放大分辨率后不同朝代、不同颜色特征壁画识别的准确率比较见表2-7所列，从
表2-7中可以看出，当图像分辨率变大时，图像的纹理特征更加模糊，最终的识别准
确率也有所降低。

表2-7　放大分辨率后不同朝代、不同颜色特征壁画识别的准确率比较

分辨率	准确率/%
299×299	95.89
897×897	80.23
1495×1495	38.24

注：表中数据为图像被识别为预设时代标签的百分比。

　　由表2-6和表2-7可以看出，与图像的颜色特征相比，纹理特征的改变对于最终准
确率的影响并不大。由此可以得出结论，颜色特征在本章的壁画朝代识别实验中起决
定作用。

　　为了验证本章算法能够更好地提取壁画图像中的颜色、纹理等特征，在本章所构
造的壁画数据集上，将其他改进的算法与模型对各朝代类别的分类结果进行对比，对
比结果见表2-8所列。

表2-8　采用不同算法的不同朝代的壁画进行识别的准确率比较

朝代	文献 [73]	文献[9]	文献[74]	文献 [75]	AEC
北魏	90.32	89.63	90.63	89.68	92.41
北周	85.38	86.95	81.45	86.53	87.91
隋朝	91.74	94.46	93.16	92.57	96.11
唐朝	57.98	63.42	56.42	70.34	65.27
五代	72.42	78.87	81.24	76.78	79.61
西魏	78.63	83.66	80.51	82.56	85.35
平均数	79.41	82.83	80.57	83.07	84.44

从表2-8中可以看出，本章算法的最终识别准确率达到了84.44%，比文献[73]的准确率提高了5.03%，比文献[9]的准确率提高了1.61%，比文献[74]的准确率提高了3.87%，比文献[75]的准确率提高了1.37%。这主要是因为本章模型增加了3个卷积层，能够提取到更多的壁画局部特征，在颜色特征的识别上有更好的提取与识别效果。表2-8中的数据可以说明本章算法在北魏、北周、隋朝和西魏4个朝代识别中的准确率都比较高，但是在唐朝和五代这两个朝代中的识别准确率较低。这是因为唐朝壁画在色彩上多用红绿色，与五代中的淡绿色，以及北周、西魏中的红色较为相似，且在人物构图、绘画线条等方面与其他朝代具有更多的相似性，导致在对提取到的颜色特征进行识别与分类时有一定的困难。五代壁画是在唐朝壁画的基础上进行绘制，无论是在色彩、绘画风格，还是在笔触特征等方面，都与唐朝壁画有一定的相似之处，如五代中的侍女图延续了唐朝时期的丰满圆润，且在人物姿态、服饰和头饰上都延续了唐朝的绘画风格，所以在朝代识别时容易与其他朝代进行错分。

图2-10为本章模型在不同数据集上的最后一次测试结果的混淆矩阵。其中，横纵坐标代表本章中的六个朝代类别，其中，1代表北魏，2代表北周，3代表隋，4代表唐朝，5代表五代，6代表西魏。从混淆矩阵中可以看出，本章模型在北魏、北周、隋朝、五代和西魏这五个朝代中表现出了良好的性能。年代相近的朝代之间的壁画分类的准确率较低，容易出现错误分类的现象。从图2-10中可以看出，本章模型在隋朝的分类效果上更好，在唐朝的壁画分类上效果不佳。

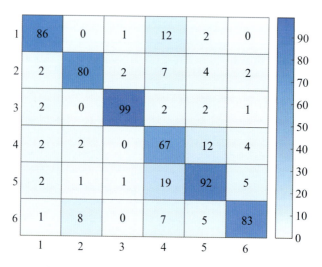

图2-10　模型最后一次测试结果的混淆矩阵

5. 对整体结构的验证

实验在相同的软硬件环境下，分别使用VGG16卷积神经网络（VGG16），改进的卷积神经网络（Convolutional Pooling-Convolutional Pooling Convolutional，CPCPC），胶囊网络（CapsNet）和适应性增强胶囊网络（AEC）在相同的数据集上进行实验，并使用相同的评价指标对其结果进行分析，用于对整体结构的性能进行对比。

其中，VGG16卷积神经网由13个卷积层、5个池化层和2个全连接层组成，每个卷积层使用不同数量的大小为3×3、步长为1的卷积核进行卷积操作，每个池化层均使用大小为2×2、步长为2的滑动窗口进行最大池化操作，最后是两个全连接层，分别有1024个和6个结点。CPCPC网络由3个卷积层、2个池化层和2个全连接层组成，每个卷积层使用不同数量的大小为3×3、步长为2的卷积核进行卷积操作，其池化层和全连接层的设置与VGG16网络一致。

实验将本章所构造的壁画数据集应用于4种不同的神经网络结构，并训练至最优结果，并将实验结果的准确率（Accuracy）、平均精确率（m_{AP}）、平均召回率（m_{AR}）和综合评价指标m_{F1}进行对比分析，对比情况见表2-9所列。

表2-9　4种不同网络模型的测试结果对比

网络名称	准确率/%	m_{AP}/%	m_{AR}/%	m_{F1}/%
AEC	84.44	83.96	83.75	82.36
VGG16	16.5	28.33	16.67	2.75
CapsNet	72.83	73.51	72.97	74.07
CPCPC	17.67	5.00	16.67	2.94

通过表2-9中的数据，对实验所得到的分类结果进行比较分析，可以得到下列结论。

（1）VGG16网络和CPCPC网络均在训练了一定的次数后发生过拟合现象，而胶囊网络和适应性增强胶囊网络在整个训练过程中没有发生过拟合现象。这说明相对于传统卷积提取到的二维特征，胶囊网络得到的高维特征可以更好地对壁画图像进行特征提取。

（2）VGG16网络比CPCPC网络先发生过拟合现象。因为CPCPC网络中随着网络层数减少，图像的特征提取没有过分抽取和丢失，对网络起到了积极作用，而VGG16

卷积层和池化层数量的增加对图像特征进行了过分抽象提取，不利于最终分类精度的提高，在实验过程中，要根据不同的应用场景的数据集进行不同的适应。

（3）适应性增强胶囊网络的识别与分类效果优于胶囊网络的识别与分类效果。这说明相对于直接对原图像进行高维特征抽取的方式，增加预先卷积层对图像进行高层特征抽取，然后将提取到的二维特征转化为高维特征进行训练的方式更适用于壁画图像的朝代分类。

2.4　本章小结

本章提出一种用于莫高窟古代壁画朝代识别分类的适应性增强胶囊网络模型。模型使用胶囊网络的图像特征提取的优势，针对古代壁画特征提取复杂的特点，增加多层卷积层进行预卷积处理，在对卷积层进行均层激活的基础上，对原生胶囊网络的特征胶囊层参数进行适应性改进，使用自适应优化算法进行参数优化提高模型平滑度。对适应性增强胶囊网络的激活函数和优化方法进行实验验证，并就整体结构与其他改进算法进行对比，验证了适应性增强胶囊网络在本章所构造的古代壁画图像数据集上的朝代识别效果比较好，具有一定的现实意义和实用价值。经过单类别结果分析后，发现不同类别的测试结果的波动效果不同，个别类别训练的收敛性并不好，对最终结果产生不良影响。下一步工作是进一步提高最终的分类精度，研究导致某些类别测试结果不稳定、训练的效果不好的原因，并研究如何能够精确提取壁画图像的颜色特征与纹理特征、如何对壁画朝代进行更精确、细致的分类，以期可以提高总体模型的效果。

第三章 基于改进 PSPNet 网络的古代壁画分割方法

本章针对传统方法在古代壁画图像分割过程中出现的目标边界模糊、图像分割效率低等问题，提出一种基于 PSPNet 网络的多分类壁画图像分割模型（PSP-M）。首先，模型融合轻量级神经网络 MobileNetV2，降低硬件条件对于模型训练的限制。其次，通过全局金字塔模块，将不同级别的特征图拼接起来，避免了表征不同子区域之间关系的语境信息的丢失。最后，利用金字塔场景解析网络嵌入壁画背景特征，减少特征损失的同时提高特征提取效率，并验证了 PSP-M 模型在壁画分割方面的可行性。

3.1　相关理论

3.1.1　传统PSPNet网络模型

语义分割的目的是将图像中的每一个像素指定一个类别标签，从而提供对图像表达意义的完整理解，而像素元素位置、类别和形状的分别归类有利于计算机对图形对象的理解。常见的图像分析框架一般是基于FCN（全卷积网络），该类框架的弊端之一是在不同图像元素具有相似特征的时候会发生像素错误归类的现象。导致这种问题的主要原因是基于FCN的网络模型没有合适的策略来利用全局场景类别线索。为了获得全局图像级别特征，PSPNet网络使用了空间金字塔池技术，利用空洞卷积，收集空间统计数据为图像全局提供信息解析，并将其命名为全局金字塔模块（Pyramid Pooling Module，PPM）。此模块将图像局部信息和全局信息相结合，使图像分割结果更加准确，PPM模型的原理如图3-1所示。

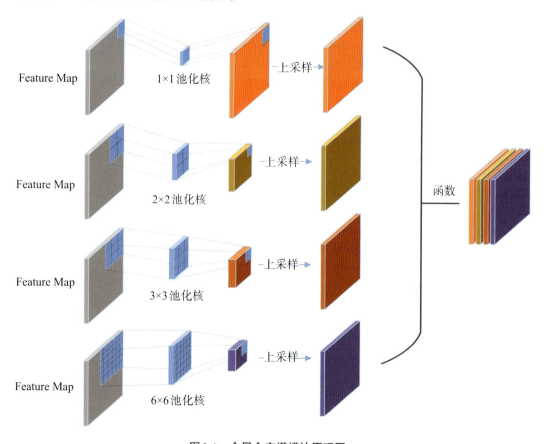

图3-1　全局金字塔模块原理图

图3-1表示的是全局金字塔模块，是PSPNet网络的主要部分，该模块融合4种不同尺度的特征，是一种典型的4层级模块。通过1×1池化核的部分为粗略层级，使用全局池化生成单个bin输出；另外几部分将特征图划分成若干个不同的子区域，各个层池化核的大小不一，减小了模型的计算量并增大感受野。PSPNet网络金字塔池化模块中的不同层级输出不同尺度的特征图，由于不同层级维数不同，为保持全局特征的权重，每个金字塔层级后添加1×1卷积核，若某个层级维数为n时，通过卷积核，可将语境特征的维数降到原始特征的$1/n$；之后通过双线性插值方法对低维特征进行上采样，恢复原始特征图尺度大小，便于与原图像进行比对；最后，PSPNet网络模型将不同层级的特征图相融合，拼接出输入图像的全局特征，尽可能地减小图像失真的可能性。

PSPNet网络模型通过全局金字塔模块，将不同级别的特征图拼接起来，消除了卷积神经网络对图像判别时对输入图像固定尺寸的约束，避免了表征不同子区域之间关系的语境信息的丢失。

3.1.2　MobileNetV2

MobileNetV2是较为经典的轻量级移动终端神经网络之一，是由Google提出的一种将网络模型性能和训练精度经过适当比例调整之后得出的计算模型。该模型的目的是解决由于传统深度学习模型参数量众多而制约模型在移动端部署的问题，是解决硬件条件对于模型训练限制的重要方法。网络的核心部分是可分离卷积操作（Depthwise separable convolution），不同于标准卷积方式，深度可分离卷积将标准卷积操作改为两层卷积操作，其中的纵向卷积（Depthwise convolution）部分通过对每个输入通道执行利用耽搁卷积核进行滤波来实现轻量级滤波，而点卷积（Pointwise convolution）部分负责通过计算输入通道间的线性组合来构建新的特征。其中，MoileNetV2在使用3×3的可分离卷积层的情况下，计算量相较于标准卷积少了80%～90%倍，精度损失较小。

MobileNetV2网络引入两个新的概念：倒转残差（Inverted Residuals）和线性瓶颈（Linear Bottlenecks）。倒转残差模块区别于正常残差模块通道数先降维后升维的方式，采用通道数先升维后降维的方式，降低了由通道数少而导致特征提取能力弱的风险，防止图像信息丢失。而线性瓶颈的提出是为了提取更多的特征信息，对通道数较少的模块使用线性激活。MobileNetV2网络结构见表3-1所列。

表 3-1　MobileNetV2 网络结构表

输入尺寸	操作	扩张系数	输出通道数	卷积层重复数	步幅
$224^2 \times 3$	conv2d	—	32	1	2
$112^2 \times 32$	bottleneck	1	16	1	1
$112^2 \times 16$	bottleneck	6	24	2	2
$56^2 \times 24$	bottleneck	6	32	3	2
$28^2 \times 32$	bottleneck	6	64	4	2
$14^2 \times 64$	bottleneck	6	96	3	1
$14^2 \times 96$	bottleneck	6	160	3	2
$7^2 \times 160$	bottleneck	6	320	1	1
$7^2 \times 320$	conv2d 1×1	—	1280	1	1
$7^2 \times 1280$	Avgpool 7×7	—	—	1	—
$1 \times 1 \times 1280$	conv2d 1×1	—	k	—	—

由表 3-1 可得，MobileNetV2 包含初始的 32 个全卷积层，后接 19 个残差瓶颈层，在训练过程中使用 3×3 的卷积核。表 3-1 中每行描述一个或多个相同的层的序列，重复 n 次，除第一层外，整个网络中使用常数扩展率，该决策取决于网络规模的大小，扩展率的调整有利于神经网络学习性能的提升。MobileNetV2 网络允许通过从不完全具体化的中间张量来显著减少推理过程中所需的内存占用问题，应用于壁画分割上可以减少多数嵌入式硬件设计中对主存访问的需求。

3.2　PSP-M壁画分割网络模型

3.2.1　整体结构

传统 PSPNet 模型利用残差神经网络（Residual Networks，ResNet）作为基层网络，原模型采用 ResNet 和空洞卷积策略提取图像特征图，通过采用金字塔场景解析网络将计算机难以解析的场景信息嵌入预测框架中，从而完成对指定图像区域的标定，达到良好的语义分割效果。在基层网络 ResNet 下，模型 PSPNet 的训练性能良好，但网络深度的增加会带来额外的优化困难问题，增加分割模型的复杂度，制约模型在移动端的部署。为解决这样的问题，将轻量级神经网络 MobileNetV2 融入 PSPNet 模型中，大幅度降低网络参数量，增加计算机硬件的适配性，改进后的模型如图 3-2 所示。

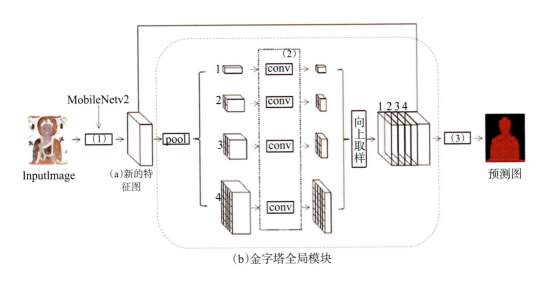

图3-2　PSP-M壁画分割模型

如图3-2所示，模型第一个改进点是将标号为（1）的图像特征提取器残差卷积神经网络ResNet改为轻量级卷积神经网络来提取输入图像的特征图，利用深度可分离卷积网络对壁画的特征像素进行抽取，由一个卷积核负责一个通道的卷积，对输入层的每个通道进行独立的卷积运算，其中，特征图的通道数数量与输入层的通道数数量相同，在此之后，利用点卷积将之前处理过的特征在深度方向上进行加权组合，对通道进行转化，生成新的特征图〔图3-2(a)〕的同时，减少神经网络的计算量。

模型的第二个改进点是改变传统模型的卷积网络在低维空间中使用Relu函数激活的方式，因为仅当输入流形位于输入空间的低维子空间中时，Relu才拥有保存输入流形完整信息的能力，在Tang等的实验中表明，线性层可以防止非线性函数对于图像信息的破坏，所以PSP-M模型在图像通道数较少时，采用线性变换来代替原本的Relu激活，减少图像特征的损失。

与传统方法相比，PSP-M模型的第三个改进点是改变传统分割方法中先降维、卷积、升维的三段式特征提取方式，融合倒转残差模块，采用先升维、卷积、降维的方法，使用直连（shortcut）结构，提高多层网络之间的梯度传播能力，与纵向卷积相匹配，将特征提取转移到高维进行，此做法的好处是卷积核的尺度远小于输出通道数，可以减少卷积层的时间复杂度和空间复杂度，设计对内存友好，大幅度提升模型分割效率。

模型还在细节方面进行优化，比如一方面对最大池化（Maxpool）和平均池化（Avgpool）

进行取舍，鉴于古代壁画分割模型的对象偏向于纹理轮廓特征，模型的池化方式选用最大池化，过滤图像无关特征信息影响，使得壁画分割效果更加鲜明。另一方面，标号为（2）的部分同样引入深度可分离卷积网络，采用shortcut方式，跨越2～3层网络层，借鉴残差网络模型，解决深度模型中由梯度发散而导致的特征提取误差增大的问题，在原有模型的基础上进一步降低误差，从而在整体上提升特征分割精度。提取通过金字塔全局模块进行多尺度融合后的特征，与新的特征图进一步融合，得到结果后再次通过结构（3）的卷积模块，减少通道数量，降低模型训练复杂度，生成最终的预测图。

PSP-M模型结合轻量级神经网络，提高了图像分割的效率，保证图像分割准确性的同时，将模型计算所需的参数大幅度减少，降低预训练过程中对硬件的条件要求，减少神经网络学习代价，摆脱对大中型设备的依赖，提高与轻型设备的匹配度，在壁画分割上的应用效果良好。

3.2.2　模型描述

PSP-M壁画分割模型的工作流程如图3-3所示。

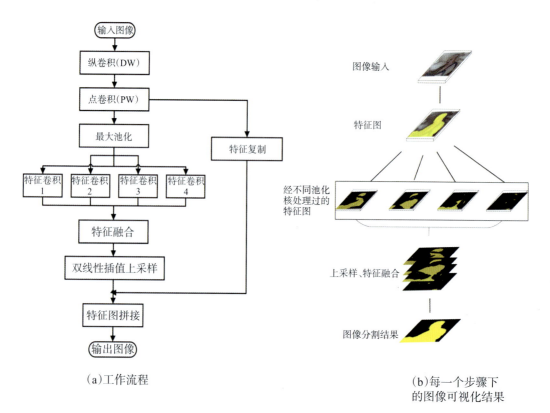

（a）工作流程　　　　　　　　　　　（b）每一个步骤下的图像可视化结果

图3-3　PSP-M模型流程图

其中，图3-3（a）表示PSP-M模型的工作流程，图3-3（b）表示每一个步骤下的图像可视化结果。模型工作可分为以下几步。

（1）步骤1：输入图像。

（2）步骤2：利用MobileNetV2网络中的纵向卷积和点卷积配合提取输入图像的特征信息，形成特征图。

（3）步骤3：将特征图进行最大池化，利用4层级金字塔模块获取语境信息，4个层级的池化核大小分别对应整体特征图像、1/2特征图像和小部分图像特征，这些特征融合可以形成图像全局特征。

（4）步骤4：通过双线性插值直接对低维特征图进行上采样，使全局金字塔模块每层的特征图都恢复到原始特征图尺寸。

（5）步骤5：不同层级的特征图拼接为最终的金字塔池化全局特征。

（6）步骤6：通过一个卷积层后生成最终预测图，分割流程结束。

3.3　实验结果与分析

3.3.1　实验环境

实验环境基于Window 10操作系统，PC端处理器型号为Inter Core i7-9750H，显卡版本为NVIDIA GeForce 1660Ti，实验平台为JetBrains PyCharm Community Edition 2019，语言为python，利用TensorFlow深度学习框架，结合Keras库来训练和测试本章模型，使用计算机视觉和机器学习软件库OpenCV和标注软件Lableme来处理数据集。

3.3.2　实验数据集

本章实验数据集分为训练数据集和测试数据集，包含6种不同类型标签，共计500张图片，来自于《中国敦煌壁画全集》和五台山壁画图像扫描图，利用OpenCV提供的resize函数将不同类型、不同大小的图片改为像素为224×224分辨率的图片，将所得结果整合为原始数据集。深度学习领域网络训练模型对应的数据集包含的图像数量成千上万，为解决图像分割过程中由于数据集小而出现的过拟合问题，利用数据增强（Date Augmentation）和迁移学习（Transfer Learning）的方式对数据集进行处理。先使用Scikit-image执行Rotation等数据增强指令，利用这种方式，数据集图片增加到2000张，训练集和测试集的比例为9∶1，数据集具体信息见表3-2所列。

表3-2　数据集相关信息

标签集	图片数/张
背景	2000
动物	422
屋舍	380
祥云	400
信徒	382
佛像	416
总计	2000

表3-2中的标签分别对应数据集中的背景、动物、屋舍、祥云、信徒、佛像6类。PSP-M模型使用单通道标注图作为数据集，在进行数据增强之后，使用图像标注软件对每张图片的主要前景进行逐点标注，利用扫描图和标注图生成的单通道灰度图与原始数据集相结合，共同构成实验数据集。模型训练阶段使用迁移学习方法提取公共数据集PASCAL Consortium2012参数，对预训练权重和参数进行优化。优化的方式是将神经网络最后前几层进行冻结，利用自己的softmax单元替换原模型的对应单元，在数据集图像较少的前提下，提高分割模型的性能。

3.3.3　实验验证

1. 对损失函数的验证

模型使用的损失函数由两部分构成，第一部分为常见的交叉熵损失函数（Cross Entropy Loss），当PSP-M模型利用Softmax函数对像素点进行分类的时候使用；另一部分是Dice损失函数，Dice系数用于计算两个样本的相似度，计算公式见式（3-1）。

$$s = \frac{2|X \cap Y|}{|X| + |Y|} \tag{3-1}$$

式（3-1）的原理是将预测结果和真实结果作交，之后乘二再除以预测结果和真实结果绝对值的和。

为了体现损失函数的收敛性，将Dice损失函数取1减去Dice系数的值，模型Dice损失函数变化如图3-4所示。

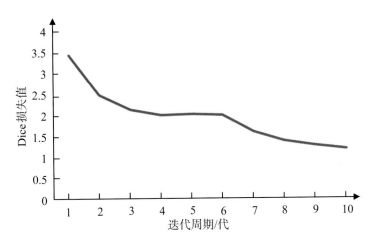

图3-4 Dice损失值变化图

Dice损失函数不会受到图片大小的影响，训练过程中倾向于对图像前景区域的挖掘，消除由样本不均衡对分割结果造成的影响。但是，在使用Dice损失函数的时候，正样本为小目标时会产生严重的振荡，当小目标有部分像素的预测发生错误，其loss值会有大幅度变动，所以模型中结合了交叉熵损失函数，交叉熵损失函数变化如图3-5所示。

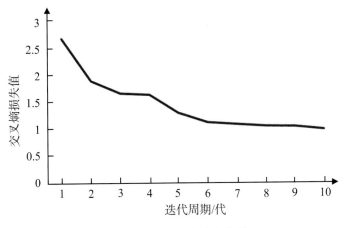

图3-5 交叉熵损失值变化图

在训练过程中，每10 epoch为一代，设置batch_size大小为8，一世代提取250次batch，更新250次参数，学习率为$1 \times e^{-5}$，利用回调函数对训练集和测试集损失值进行监督，该值3次未下降，则降低学习率，如果损失值超过3次未下降，则表示模型训练流程结束，模型分割精度变化如图3-6所示。

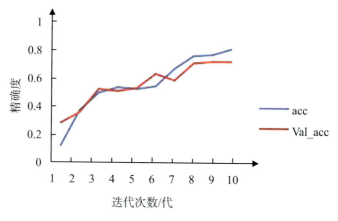

图3-6　训练精度变化图

从图3-6可以看出，分割模型在前3代的时候，精确度提升快，5、6代时的精确度呈现上下波动的态势，而8代之后，精确度重新趋于稳定，模型于第10代时训练终止，学习率达到最优。

2. 对比实验数据分析

为验证PSP-M模型的优良特性，特从模型分割用时、精确度、分割效果等3个方面来对模型进行评价。

首先，在自制数据集的基础上，选取SegNet图像分割模型、PSPNet图像分割模型、DeeplabV3+图像分割模型、文献[80]中提出的多分类轻量级网络分割模型（Multi-Class DeeplabV3+ MobileNetV2，MC-DM），传统分割模型FCM、Grab Cut进行测试，所有模型的实验耗时见表3-3所列。

表3-3　不同分割模型的实验耗时

模型	时间/s
SegNet	33.4
PSPNet	28.4
DeeplabV3+	33.9
MC-DM	29.4
FCM	35.7
Grab Cut	3.6
PSP-M	17.4

在表 3-3 中，传统模型 FCM 的耗时最长，Grab Cut 模型的耗时最短，但是 Grab Cut 分割边界模糊，图像背景和前景混乱，相对于其他模型，其分割效果较差，若想要达到良好效果，需要人为标注大量目标点，时间远超其他模型。DeeplabV3+模型是图像分割领域较为出色的模型之一，使用 Encoder-Decoder 结构，将图像特征信息进行多尺度融合，减少图像空间信息丢失，由于模型相对复杂，预测结果耗时较长。MC-DM 是基于 DeeplabV3+的改进模型，将轻量级神经网络嵌入原模型，降低了硬件条件的局限性，提高模型工作效率，但该模型在分割效率上与 PSP-M 模型存在一定差距。在对比实验中，PSPNet 选用残差神经网络 ResNet50 作为基础网络，PSP-M 模型选用 MobileNetV2 作为基础网络层，PSP-M 模型在分割效率上要优于 PSPNet 模型。

在训练精确度方面，由于传统模型 FCM 和聚类算法 K-means 对图片的色彩敏感度低，常用于灰度图像分割，Grab Cut 算法分割图像的精确度会随用户提供图像内容的差异而改变，存在人为因素的影响。所以本章选取 SegNet、PSPNet、DeeplabV3+、MC-DM 与 PSP-M 模型的参数量作比，对比结果见表 3-4 所列。

表 3-4　模型训练精确度对比

模型	准确率
SegNet	0.8161
PSPNet	0.8281
DeeplabV3+	0.8528
MC-DM	0.8495
PSP-M	0.8434

由表 3-4 可得，SegNet 模型采用最大池化的方式计算出池化的索引，通过这种方式计算相应的编码器的非线性上采样，节省了上采样学习的过程。但是在壁画分割领域，由于壁画构图复杂，SegNet 模型不能充分利用图像各像素点之间的关系，缺乏图像上下文推理能力。而 PSPNet 网络利用具有全局优先级，且包含不同子区域之间的不同尺度信息的全局金字塔模块，融合 4 种不同金字塔尺度特征，解决了复杂场景中图像的理解问题，在精确度上比 SegNet 网络提高 1 个百分点。DeeplabV3+模型利用 Xception 网络为底层网络，结合空间金字塔模块 ASPP（Atrous Spatial Pyramid Pooling，ASPP），恢复图像的空间信息，优化了图像的分割边界。MC-DM 模型将轻量级

神经网络与DeeplabV3+相结合，在保证精确度的前提下，提高模型的分割效率，两者的训练精确度相近。而PSP-M模型通过改变模型底层网络，针对分割过程中存在的样本不均衡问题，设计不同的损失函数，优化了模型特征提取模块，节省分割时间，在精确度方面，与MC-DM模型相近，略逊于DeeplabV3+模型，比PSPNet网络提升约2个百分点，比SegNet网络提升约3个百分点。

为直观感受各个模型的分割效果，在数据集中随机抽取4张不同种类的壁画图像进行语义分割，以分割出单一种类壁画图像为基准，以其他图像元素为背景，对分割结果进行像素级图像标注，实验模型对比如图3-7所示。

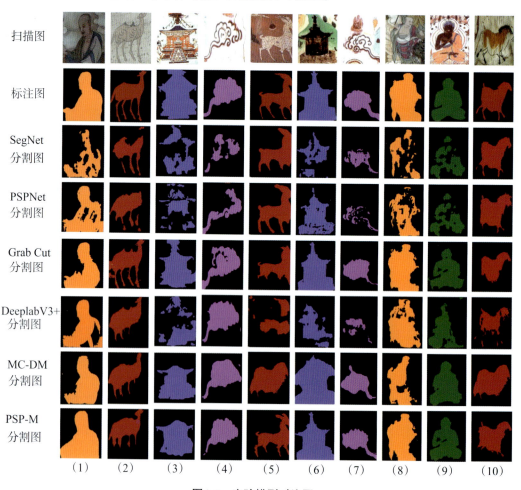

图3-7　实验模型对比图

图3-7中的第一行是壁画扫描图，第二行是利用图像标注软件，通过标注锚点勾勒而成的标注图。其余几行是在不同图像分割网络下的图像分割效果图。SegNet模型是较早利用Encoder-Decoder结构的模型之一，其连续下采样可以将图像特征压缩为很

小的图像索引，但这会导致图像空间信息的重叠，连续上采样之后，图像会出现中心信息缺失、图像分割边缘不连续等问题。PSPNet模型中结合了残差神经网络，引入残差块的概念，提高了模型性能，这也间接增加了网络宽度，使得模型计算能力下降，分割图像边缘连续性较SegNet模型有一定的提升，在单类别图像分割时，会有中心细节缺损的情况发生。Grab Cut模型的图像分割效果会随人为标注目标点的增多而变化，受人为因素的影响较大，分割效果只做参考。DeeplabV3+模型使用了空间金字塔模块和Encoder-Decoder结构，分割效果良好，但由于网络深度的增加，参数空间扩充，训练难度增大，模型容易受到过拟合问题的影响，分割效果不稳定，MC-DM模型结合轻量级神经网络，减少了模型参数，网络训练时间减少，模型分割效果有了一定提升，但在图像细节处理上存在不足，容易将图像外的点标为分割点。PSP-M模型在减少模型参数的同时，解决由样本不均衡导致的图像分割问题，优化了模型的分割效果。

　　实验采用人为评价、峰值信噪比（Peak Signal to Noise Ratio，PSNR）、结构相似性（Structural Similarity，SSIM）作为分割结果的评价指标。在图3-7中，对10张扫描图进行编号，分别对应号码1～10。首先将分割结果制作成图，随机抽取100名学生作为考察对象，记录在学生眼中分割效果最好的图像，统计结果如图3-8所示。

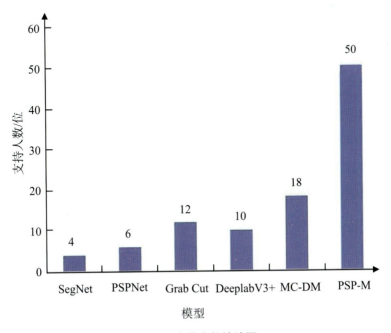

图3-8　支持人数统计图

在图 3-8 中，50% 的人表示 PSP-M 的效果最优，其次是 MC-DM 模型，有 18 人支持此模型。由于 DeeplabV3+ 模型在分割效果中存在个体差异化，导致训练精确度最高的模型只有 10 位学生支持，SegNet 模型与 PSPNet 模型得到的支持率最低。10 个样本的 PSNR 对比结果见表 3-5 所列。

表 3-5　模型 PSNR 对比　　　　　　　　　　　单位：dB

样本	SegNet	PSPNet	Grab Cut	DeeplabV3+	MC-DM	PSP-M
1	12.78	16.28	14.33	9.81	16.17	18.29
2	25.86	25.8	26.54	26.36	26.75	26.13
3	16.19	15.25	16.53	15.45	17.74	19.85
4	16.67	15.07	20.75	21.78	21.97	22.76
5	20.76	22.09	20.64	22.36	18.55	23.82
6	10.91	13.98	19.26	13.29	11.43	19.49
7	13.59	11.75	14.31	16.19	15.11	19.01
8	8.53	10.01	14.94	10.09	11.95	14.91
9	21.03	19.21	25.80	24.82	26.72	27.63
10	21.45	22.92	22.80	20.05	20.82	23.27

在实验过程中，SegNet 模型和 PSPNet 模型的表现相对稳定，在分割样本 2 这种轮廓分明、构造简单的图像时，6 种模型的分割效果相近。而在分割样本 1、3 这种构图相对复杂的图像时，DeeplabV3+ 模型出现了两极分化现象，对个别图像的分割效果较差，MC-DM 模型和 PSP-M 模型的表现相对较好，PSP-M 模型的 PSNR 的数值又比 MC-DM 模型多出 1～2 dB，Grab Cut 模型的分割结果受人为因素的影响，PSNR 数值的高低只能作为参考，不具有对比性。

由于人眼的视觉对误差的敏感度并不是绝对的，其感知结果会受到周围环境、光感等许多因素的影响而产生变化，所以会出现主观感受好但 PSNR 值反而低的现象，为此引入另一个评价指标——结构相似性指标 SSIM。SSIM 同样是一种用以衡量两张数字图像相似度的指标，相比于 PSNR，SSIM 在图片结构品质上的衡量更符合人眼对于图片结构质量的判断，范围为 −1～1，数值越大，图片结构相似性越高。结构相似性的基本原理是依据相邻像素间的关联关系，定义结构性失真的衡量方式，样本SSIM的对比结果见表3-6所列。

表3-6　模型SSIM对比

样本编号	SegNet	PSPNet	Grab Cut	DeeplabV3+	MC-DM	PSP-M
1	0.645	0.784	0.853	0.544	0.817	0.849
2	0.813	0.813	0.847	0.845	0.861	0.812
3	0.584	0.52	0.543	0.569	0.717	0.726
4	0.745	0.716	0.795	0.864	0.873	0.879
5	0.725	0.771	0.747	0.884	0.831	0.8752
6	0.613	0.762	0.767	0.893	0.648	0.898
7	0.806	0.741	0.886	0.871	0.763	0.904
8	0.588	0.682	0.853	0.696	0.767	0.854
9	0.746	0.648	0.872	0.738	0.9	0.914
10	0.89	0.877	0.901	0.842	0.869	0.917

在表3-6中，DeeplabV3+模型分割后的个别图像的SSIM值略有下降，其他模型下的SSIM数值与模型下的PSNR数值趋势保持一致，PSP-M模型的总体表现最优。综合主客观3项评价指标可得，PSP-M模型的分割效果良好，图像边缘清晰，细节保存良好，适用于古代壁画分割领域。

3.4　本章小结

中国古代壁画是我国劳动人民智慧的结晶，是中国文明的表现形式之一，每一张壁画都有特殊的历史文化背景，是当代人了解传统文化的珍贵途径。随着岁月流逝，这些镌刻于墙壁上的瑰宝受到了不同程度的损坏，大量精美壁画出现颜色脱落、承载体裂纹、图像残缺等问题，对壁画信息的汲取工作造成了一定程度的影响，所以如何将壁画中表达的内容通过技术手段再次呈现既是文物保护工作中的一个重点，也是一个难点。实验研究发现，FCM、K-means等传统图像分割方法在古代壁画图像分割方面有明显的局限性，无法较好地适用于壁画图像特征的分析，在此背景下，将卷积神经网络模型运用于古代壁画图像分割领域是一种新的尝试。首先，本章将轻量级神经网络与分割效果强大的 PSPNet 网络相结合，利用全局金字塔模块融合图像不同尺度的特征，在提高分割精度的同时，降低模型对于时间的损耗；然后，引入 Dice 损失函数，对图像区域进行多点分析，解决样本不均衡对分割效果的影响；最后，通过大量对比实验，客观分析不同分割模型的优缺点，验证了新模型在壁画分割领域的可行性。但是不管使用怎样的模型，都面临着特征信息缺失的问题，各种多尺度融合网络只能尽可能还原特征信息，对于某些锐点较多的图像，特征还原能力较差，这也是在图像分割领域没有一个普适性模型的重要原因之一。随着人工智能的不断发展，深度学习网络模型渐渐地融入人们的生活中，许多科学工作者将目光转向对神经网络的学习和研究工作。对于历史研究者来说，让古代壁画和其他古文物重新在世人面前焕发光彩是他们一生的追求，科学没有捷径，图像技术的更新迭代让文物的复苏变成了可能。

第四章 基于多卷积神经网络模型的古代壁画修复方法

　　首先，本章针对古代壁画由于历史风化出现不同程度起甲、脱落等问题，通过改进传统的生成对抗网络模型，提出了一种增强一致性生成对抗网络的算法修补壁画缺失区域。首先，该算法以生成对抗网络为框架，使用全卷积网络中的卷积层提取深层的图像特征信息，后经过反卷积将特征映射到原图像大小的图像空间，输出修复的图像，完成生成网络设计。在判别网络中使用全局判别网络和局部判别网络，判断生成网络修复的图像是否在图像整体和补全区域两方面都表现为真实壁画图像。在对抗学习中优化生成网络模型和鉴别网络模型，更好地完成对壁画待修复区域的补全。生成网络引入空洞卷积增大卷积核和感受野，各网络卷积层加入批标准化等在细节方面对网络进一步优化。其次，本章针对唐代壁画修复过程所面临的褪色、变色，以及色彩修复后壁画图像部分色彩未修复或存在假色和伪影的问题，提出一种基于MFCA循环生成对抗网络（CycleGAN）的壁画色彩修复方法，对唐代褪色壁画进行色彩修复。在循环一致性损失中引入同一映射损失函数改进网络，使生成的壁画图像更加真实可靠。再将循环生成对抗网络模型进行迁移，使改进后的网络可以更好地适用于唐代壁画的色彩修复。在生成器中引入多尺度融合的协调注意力机制（MFCA），对预处理后图像进行卷积核大小为1×1、3×3、5×5、7×7的多尺度卷积运算。最后，对4个通道进行特征融合，提高生成壁画图像的协调性，并使用不同的数据集，验证了提出的算法的有效性。

4.1　壁画缺损区域修复

4.1.1　相关理论

1. 生成对抗网络

生成对抗网络（Generative Adversarial Networks，GAN）是一种无监督学习算法，包括生成网络（Generator）和判别网络（Discriminator）两部分。受到博弈论的启发，它将图像生成问题当作生成网络和判别网络之间的对抗和博弈。生成网络的目的是在噪声数据（例如正态分布或高斯分布数据）中产生合成数据，以此作为判别网络输入的假样本；判别网络的输入包括生成网络输出数据和真实输入数据，即假样本和真样本，一般通过神经网络输出一个概率值，概率值大于0.5则判断输入样本为真，概率值小于0.5则判断输入样本为假。生成网络试图产生更接近真实的数据，相应的判别网络试图更完美地分辨出真实数据和合成数据，由此，两种网络在对抗中学习、在进步中继续对抗，使得生成网络产生的数据接近真实数据，以这种循环生成对抗的方式产生不断接近真实数据的样本。

GAN的基本结构图如图4-1所示。

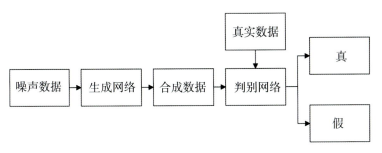

图4-1　GAN的基本结构图

2. 全卷积网络

全卷积网络（Fully Convolutional Network，FCN）是 Berkeley 等于 2015 年提出的，用于图像语义分割。FCN能够对图像进行像素级别的分类。经典的卷积神经网络（Convolutional Neural Network，CNN）在卷积层后连接全连接层得到固定长度的特征向量，从而对图像进行分类。与经典的CNN不同，FCN可以输入任意尺寸的图像，通过反卷积的方式，将卷积层得到的深层图像信息恢复到与输入图像相同的尺寸和空间特征，最后实现逐像素分类。FCN的网络结构图如图4-2所示。

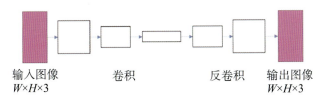

输入图像　　　卷积　　　反卷积　　　输出图像
$W×H×3$　　　　　　　　　　　　　　$W×H×3$

图4-2　FCN的网络结构图

3. 批量标准化

在传统深度神经网络训练的过程中，随着每一层网络对参数的优化更新，每一层的输入数据分布往往会和输入前的数据分布有较大的差异，网络不断适应新的数据分布，导致训练时间更长等问题出现。

类似于神经网络输入数据要进行数据预处理的原理，在神经网络的卷积层的每个激活函数前加入批标准化（Batch Normalization，BN），以此达到每一层都有稳定的数据分布的目的。批量标准化是2015年由 Sergey Ioffe 等提出的，用来解决Internal Covariate Shift（内部协变量偏移）问题，它的基本思想就是将每个网络的隐藏层节点的输入分布固定下来。

批标准化的应用使得训练过程可以使用较大的学习率，加快了网络收敛速度，缩短了网络模型的训练时间。同时，BN将激活函数输入的数据分布转化为高斯分布，有助于解决梯度消失和梯度爆炸问题。

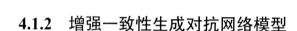

4.1.2　增强一致性生成对抗网络模型

根据古代壁画特征和图像修复算法特点，本章设计了一种新的增强一致性生成对抗网络算法，主要着手于网络结构设计及优化、损失函数选择、训练测试流程规划等3个方面的工作。增强一致性生成对抗网络模型解决了修复壁画图像整体和局部修复结果表现差异性大的问题，增强了修复区域和全局的一致性表达，完成了壁画图像的修复工作。

1. 网络结构设计

壁画图像修复网络分为生成网络和判别网络两部分。生成网络的目的是修复破损的壁画图像，判别网络用于判断生成网络的输出图像的真假。通过生成对抗的方式逐步完善生成网络模型。

（1）生成网络设计。

生成网络以全卷积网络作为框架，在全卷积网络中完成壁画图像特征信息的提取和恢复过程，其中，通过卷积提取壁画图像丰富的特征信息，反卷积实现上采样将提取到的特征复原到与原始图像尺寸相同的图像，设定壁画图像补全结果只更改掩码区域的像素信息，其余区域图像信息保持不变。生成网络的输入是经预处理的大小为128×128的壁画图像，经过随机生成长宽在24到36之间的像素大小的图像补全掩码，输入图像中将掩码区域像素值设为0，得到有掩码的壁画图像。FCN网络经过卷积层提取图像特征信息，反卷积将特征图信息还原至原始图像尺寸大小的图像，输出的图像经过恢复非掩码区域的像素值，保留恢复的掩码区域的图像信息，输出最终的修复图像。

通过卷积神经网络的尝试可以知道，增加网络的层数可以提取更多对特征信息，因此加深生成网络可以提取更多丰富的壁画图像特征。第三层到第七层组成了残差模块，采取残差学习的方式，在一定程度上避免了梯度消失和梯度爆炸的问题。

值得注意的是，生成网络设计中使用了空洞卷积提取图像特征。在传统全卷积网络中，输入图像经卷积、池化，再经过反卷积输出原始图像大小的图像。在这个过程中，从缩小图像尺寸到扩大图像尺寸的过程中一定会产生图像信息损失，更多地保留原始图像信息对于图像修复的真实性非常重要。空洞卷积使每个卷积核具有更大的感受野，同时仍然使用相同数量的参数和计算能力，既要扩大感受野面积，又要不损失图像信息。因此，本章提出了使用空洞卷积代替池化操作。其中，用Dilation来表示空洞卷积的幅度大小，Dilation越大表示具有更大的感受野。生成网络的详情信息见表4-1所列。

表4-1 生成网络的详情信息表

类型	卷积核	幅度 (η)	步长	输出
conv	5 × 5	1	1 × 1	64
conv	3 × 3	1	2 × 2	128
conv	3 × 3	1	1 × 1	128
conv	2 × 2	1	1 × 1	256
conv	1 × 1	1	1 × 1	128
conv	1 × 1	1	1 × 1	256
conv	3 × 3	1	2 × 2	128
conv	3 × 3	1	1 × 1	256
dilated conv	3 × 3	2	1 × 1	256
dilated conv	3 × 3	4	1 × 1	256
dilated conv	3 × 3	8	1 × 1	256
conv	3 × 3	1	1 × 1	256
conv	4 × 4	1	1/2 × 1/2	128
deconv	3 × 3	1	1 × 1	128
conv	4 × 4	1	1/2 × 1/2	64
deconv	3 × 3	1	1 × 1	32
output	3 × 3	1	1 × 1	3

（2）判别网络设计。

判别网络使用全局判别网络和局部判别网络两个网络，它们的目标是判断图像是真实的还是生成网络合成的。两个判别网络协同对生成网络的输出图像进行判别，增加了修复区域和全局图像的统一性，使得壁画图像的修复更加科学。该网络结构基于CNN设计，即图像经过卷积层提取图像局部信息，经池化层的信息过滤和选择，再连接全连接层将局部图像信息整合为特征向量，最终将图像进行分类。两个判别网络分别输出相同维度的特征向量，然后将两个特征向量连接输出一个特征向量，最后经过sigmoid函数输出图像是否为真实图像的概率。判别网络结构图如图4-3所示。

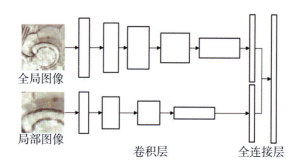

图 4-3　判别网络结构图

全局判别网络将整个图像作为输入，包括真实的壁画图像和生成网络合成的图像。它由 9 个卷积层和 1 个全连接层组成，并输出 1×1024 特征向量。卷积层使用 5×5、3×3、2×2 卷积核，2×2、1×1 步长来提取全局壁画图像信息。详细的全局判别网络结构见表 4-2 所列。

表 4-2　全局判别网络结构表

类型	卷积核	步长	输出
conv	5 × 5	2 × 2	64
conv	5 × 5	2 × 2	128
conv	5 × 5	2 × 2	256
conv	5 × 5	2 × 2	512
conv	3 × 3	2 × 2	256
conv	3 × 3	2 × 2	256
conv	2 × 2	2 × 2	256
conv	2 × 2	1 × 1	512
conv	2 × 2	1 × 1	512
FC	—	—	1024

局部判别网络的输入图像是生成网络输出的以补全区域为中心、大小为 32×32 的图像区域和真实图像对应的区域。它由 8 个卷积层和 1 个全连接层组成，并输出 1×1024 特征向量。卷积层使用 3×3、2×2 卷积核，2×2、1×1 步长来提取局部壁画图像信息。详细局部判别网络结构见表 4-3 所列。

表4-3　局部判别网络结构表

类型	卷积核	步长	输出
conv	3×3	2×2	64
conv	3×3	2×2	128
conv	3×3	2×2	256
conv	3×3	2×2	512
conv	2×2	2×2	256
conv	2×2	1×1	256
conv	2×2	1×1	512
conv	2×2	1×1	512
FC	-	-	1024

最后，将全局判别网络和局部判别网络的输出连接得到一个1×2048的特征向量，然后由一个全连接层进行处理，输出一个连续的值。使用sigmoid函数，使该值映射到在[0，1] 范围内，并表示图像是真实的而不是合成修复的概率。全连接层联合层结构见表4-4所列。

表4-4　全连接层联合层结构表

类型	输出
concat	2048
FC	1

2. 损失函数

为了更好地生成接近于真实的修复效果，本章提出采用MSE损失函数和对抗损失函数两种方式优化网络模型。为了加快网络模型的训练时间，在初始生成网络模型输出的修复图像不直接输入判别网络判断优化，而是将网络模型训练过程分为两个阶段：第一阶段，通过生成网络训练模型将MSE降到预期值，使生成网络能够输出质量较高的修复图像；第二阶段，将生成网络的输出修复图像作为判别网络的假样本，联合生成网络和判别网络同时优化MSE损失函数和对抗损失函数，优化生成网络模型和判别网络模型。

MSE是最常用的回归损失函数，MSE是每个样本目标变量与预测值之间距离平方之和。计算 MSE，即求出各个样本的所有平方损失之和，然后除以样本数量。MSE损失函数见式（4-1）。

$$\text{MSE} = \frac{1}{N} \sum_{(x,y)} {}_D \left[y - \text{prediction}(x) \right]^2 \tag{4-1}$$

其中，N 表示样本的个数；(x, y) 表示样本，其中，x 指的是训练样本中的特征集，y 是指训练样本中的真实值；$\text{prediction}(x)$ 是样本 x 的预测值。

根据生成对抗网络思想，即生成网络的目的是努力生成近似于真实图像的图像，使判别网络将其输出的图像判断为真实图像，也就是说，生成网络的目的是生成图像使判别网络的预测概率接近于1；同样地，判别网络的目的就是将生成网络的输出接近于0，真实数据的判别网络输出接近于1。对抗网络损失的计算见式（4-2）。

$$\min_G \max_D V(D, G) = E_{x \sim P_{\text{data}(x)}}[\log D(x)] + E_{z \sim p_z(z)}\left[\log\{1 - D[G(z)]\}\right] \tag{4-2}$$

其中，x 表示真实数据，z 表示噪声数据，$P_{\text{data}(x)}$ 是真实数据的概率分布，$p_z(z)$ 表示合成数据的概率分布，$G(z)$ 表示生成网络合成的数据，$D(x)$ 表示判别网络判断真实数据是否真实的概率。而 $D[G(z)]$ 是判别网络判断生成网络合成数据是否真实的概率。$\log D(x)$ 表示判别网络对真实数据的判断，$\log\{1 - D[G(z)]\}$ 表示对合成数据的判断。

3. 训练测试流程

本章的网络模型的训练流程分为生成网络模型训练、生成网络和判别网络联合训练。由于在建模的初始阶段，模型更新的是较为底层的模型参数，而且更新的速度较快，因此在初始阶段的生成网络训练过程中，只采用均方差损失函数，这样既能降低模型更新的计算复杂度，又能加快模型的初步构建。随着模型更新速度的逐渐减慢，网络模型的构建进入生成网络和判别网络联合训练的阶段，这对生成网络模型提出了新的要求，不仅要优化均方差损失函数，也要使得生成网络的输出能够满足判别网络的要求。这样不仅使得模型的泛化能力进一步提高，也加快了模型的建模周期。

在模型训练阶段，生成网络模型和判别网络模型在对抗中学习更新模型参数，最终使得生成网络能够很好地完成壁画图像修复的任务。具体算法描述如下：

（1）输入：壁画图像；

（2）输出：网络模型和已修复的壁画图像。

①Step1：在原始壁画图像上选取一块mask，模拟图像待修复区域，并添加至原始壁画图像；

②Step2：将待修复图像进行全卷积，完成壁画图像的重建；

③Step3：除去 mask 区域，其他图像区域的像素全部还原至原始图像对应的像素；

④Step4：计算 MSE 损失函数；

⑤Step5：保存网络模型，输出已修复的壁画图像；

⑥Step6：重复 Step1 至 Step5；

⑦Step7：将已修复全局图像和已修复局部图像作为全局判别网络和局部判别网络的假样本输入；

Step8：判别网络对输入数据判断真假；

Step9：重复 Step7 至 Step8，更新优化生成网络和判别网络模型参数。

网络模型训练流程图如图 4-4 所示。

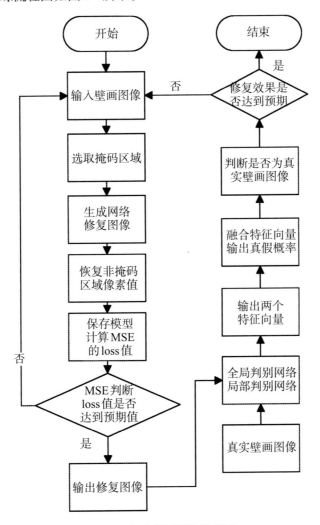

图 4-4　网络模型训练流程图

测试流程目的是将带有掩码的壁画图像的掩码部分修复，使图像更接近原始壁画图像。因此使用不再进行模型参数更新的生成网络作为测试网络。测试网络流程图如图4-5所示。

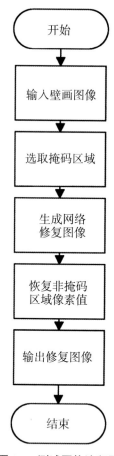

图4-5　测试网络流程图

4.1.3　实验结果与分析

1. 实验环境

为了验证提出的增强一致性生成对抗网络在壁画图像修复上的有效性，本实验使用的硬件环境主要有中央处理器（CPU）为英特尔 Core i5-9400F @2.90 GHz，内存为16 GB，显卡为 Nvidia GeForce RTX 2070 等；软件环境为在 Windows 10 系统上使用 JetBrains PyCharm 作为编译器进行实验，使用 Python3.7 语言编写，以 TensorFlow 作为框架，完成壁画图像修复工作。

2. 数据来源

由于没有标准的壁画图像数据集，而且受现有的壁画图像数量少、损坏程度不一致、图像分辨率低、壁画题材类型繁杂等因素的影响，壁画图像的采集、处理成为实验的重要环节。本章采用拍摄质量较好的山西五台山寺庙壁画800张，经图像增强扩展得到壁画图像12 000张，其中10 000张壁画图像作为训练集，2000张壁画图像作为测试集，分别用于网络模型训练和模型效果测试。

通过实验了解，图像增强算法不仅在提高壁画图像质量方面有明显的效果，而且还适用于壁画图像的扩展、增加图像数量，从而使得最终的壁画图像修复网络模型具有更强的鲁棒性。图像增强扩展数据主要涉及的图像信息变化有随机图像翻转，对颜色的数据增强包括图像亮度、饱和度、对比度的变化，通过这些方法实现增加图像数量的目的。经多次试验调整壁画图像增强算法参数以满足图像修复实验，得到图像增强的效果对比图，如图4-6所示。

3. 对比实验

本章实验以山西五台山寺庙壁画为实验对象，分别对真实破损壁画图像和人为破坏壁画图像进行修复。选取文献[35]算法、文献[36]算法、文献[37]算法和本章算法在相同图像上对比壁画图像的修复效果。

（1）真实破损壁画修复。

选取破损类型、区域大小、区域形状各不相同的真实壁画图像作为实验对象，4种算法对应的修复效果如图4-7所示。

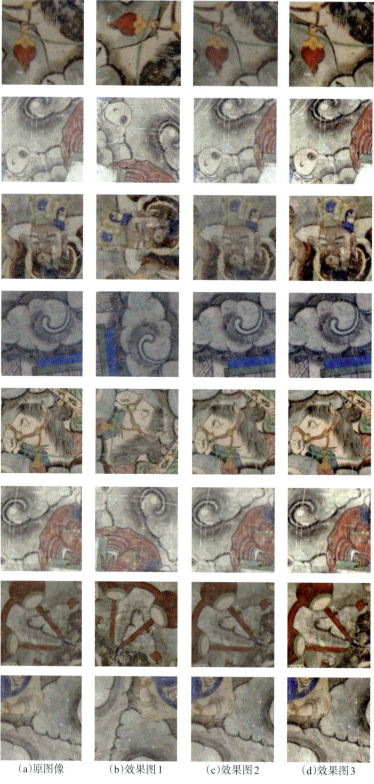

(a)原图像 　　　(b)效果图1 　　　(c)效果图2 　　　(d)效果图3

图4-6　图像增强效果对比图

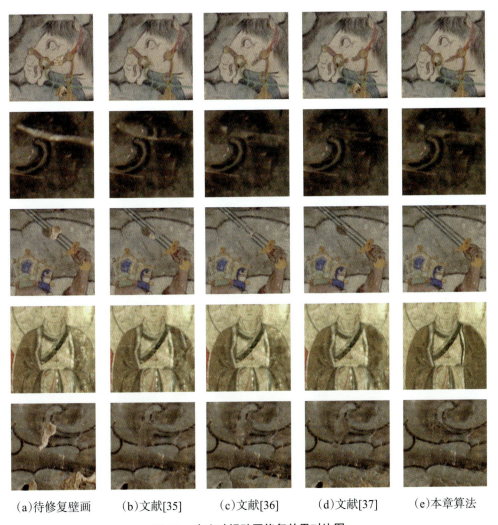

|(a)待修复壁画|(b)文献[35]|(c)文献[36]|(d)文献[37]|(e)本章算法|

图4-7　真实破损壁画修复效果对比图

观察图4-7的效果可以看出，文献[35]算法、文献[36]算法和文献[37]算法修复没有纹理结构的细长区域时，表现效果良好。但由于传统算法的局限性，对具有复杂纹理结构区域的修复会出现不同程度的纹理断裂模糊等情况，尤其在对较大块区域进行修复时，本章算法的表现效果更好，既能够将大块区域的颜色进行填充，同时对缺失区域纹理信息的修复也能达到良好的效果，视觉上的一致性更强。

（2）人为破坏壁画修复。

选取不同的壁画图像，分别用大小不一的掩码在原始壁画图像上随机选取一块区域进行破坏，得到待修复壁画图像，采取文献[35]算法、文献[36]算法和文献[37]算法作为对比实验，得到的修复效果对比图如图4-8所示。

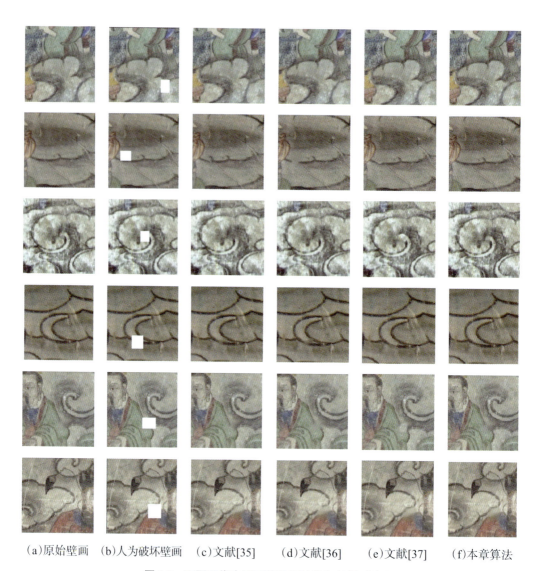

(a)原始壁画　　(b)人为破坏壁画　　(c)文献[35]　　(d)文献[36]　　(e)文献[37]　　(f)本章算法

图4-8　不同图像在不同算法下的修复效果对比图

　　观察图4-8可以看出，4种算法在较为简单的色彩填充中的表现效果都不错，但处理纹理信息修复时，文献[36]算法出现了纹理修复断裂不完整现象和修复区域扭曲的现象，文献[35]算法在修复纹理断裂上取得了明显的进步，但是仍然有一部分修复细节存在这种现象，文献[37]算法在较大块单一颜色的补全上的表现效果较好，但对纹理信息的修复效果较为一般；由于传统算法修复较大区域时，寻找匹配块和纹理扩散的局限性，在处理纹理信息复杂的壁画图像时，文献[35]算法、文献[36]算法和文献[37]算法处理的纹理信息较为模糊，未能表现出原壁画图像的纹理结构。而由于本章算法中加入两个判别器联合鉴别图像，使得生成的壁画图像的全局和局部的一致性表

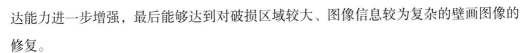

达能力进一步增强，最后能够达到对破损区域较大、图像信息较为复杂的壁画图像的修复。

通过实验随机抽取10张测试壁画图像作为样本，对人为破坏壁画图像的修复效果进行客观对比，采用峰值信噪比（Peak Signal to Noise Ratio，PSNR）和结构相似性（Structural Similarity Index，SSIM）两种方法对实验结果进行定量评估。

PSNR通常用来评价一幅图像修复后和原图像相比质量的好坏，它是基于对应像素点间的误差来进行判断。一般情况下，PSNR越高，图像失真越小，对应的图像修复效果就越好。不同算法下的PSNR对比见表4-5所列。

表4-5　不同算法下的PSNR值

样本	文献[35]	文献[36]	文献[37]	本章算法
1	38.63	37.69	37.33	40.53
2	36.94	38.34	39.56	42.67
3	36.58	38.21	37.82	41.95
4	42.67	41.18	42.77	45.36
5	37.93	38.06	38.35	42.67
6	38.28	38.09	39.86	43.62
7	39.94	38.33	39.65	42.88
8	41.23	42.58	42.46	45.95
9	42.63	42.39	42.96	45.23
10	38.15	38.97	39.65	41.36
均值	39.30	39.38	40.04	43.22

SSIM一般用于评估图像的结构相似性，它分别从亮度、对比度、结构3个角度度量图像的相似性。SSIM取值范围为[0，1]，该值越大，表示图像相似性越高。不同算法下的SSIM值见表4-6所列。

表4-6　不同算法下的SSIM值

样本	文献[35]	文献[36]	文献[37]	本章算法
1	0.863	0.855	0.885	0.883
2	0.796	0.823	0.834	0.933
3	0.855	0.852	0.861	0.874
4	0.756	0.794	0.773	0.832
5	0.838	0.831	0.861	0.903
6	0.763	0.835	0.844	0.895
7	0.732	0.831	0.849	0.853
8	0.768	0.768	0.746	0.865
9	0.836	0.792	0.846	0.849
10	0.791	0.823	0.803	0.862
均值	0.800	0.820	0.830	0.875

计算每张图像在4种算法下对应的PSNR和SSIM的平均值，与文献[35]算法、文献[36]算法、文献[37]算法相比，本章算法在视觉连续性上有明显改善。由于本章算法采用了对抗生成的思想对壁画进行修复，对较大块破损区域的修复效果更好，对比原图像的失真更小，最终，PSNR值平均提高了3~5 dB，采用两个判别网络对生成网络模型优化起到了促进的作用，同时在图像整体和局部的一致性上有了很大的提高，使得SSIM值平均提高了0.05~0.07。

4.2　壁画色彩修复

4.2.1　相关理论

1. 循环生成对抗网络

循环生成对抗网络（CycleGAN）是由Jun-Yan Zhu等提出的神经对抗网络模型，包含两个判别器和两个生成器。CycleGAN算法不需要将数据集提前配对，即可实现两个数据集的相互转化。在转换时，内容图像数据集通过生成网络和判别网络，生成风格化图像数据集，实现风格迁移过程。CycleGAN原理图如图4-9所示。

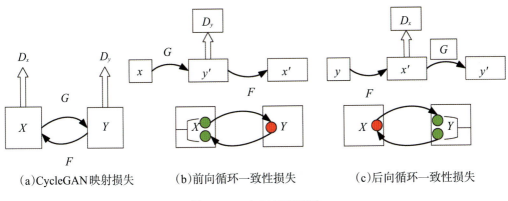

（a）CycleGAN映射损失　　　（b）前向循环一致性损失　　　（c）后向循环一致性损失

图4-9　CycleGAN原理图

CycleGAN主要包含了对抗损失和循环一致性损失。

（1）对抗损失。

生成式对抗网络是循环生成对抗网络的基础。生成对抗网络（GAN）利用对抗损失不断优化生成器和判别器，CycleGAN也利用了此对抗损失来优化网络，通过判别器对生成样本和真实数据进行鉴别，生成器希望判别器将生成图片判定为真实图片，而判别器希望能够准确判别出是真实数据还是生成样本。其中，对于生成器$G: X \to Y$，其对应的判别器$D(Y)$的损失函数为

$$L_{\text{GAN}}(G, D_Y, X, Y) = E_{y \sim P_{\text{data}}(y)}[\log D_Y(y)] + E_{x \sim P_{\text{data}}(x)}\left[\log\{1 - D_Y[G(x)]\}\right] \quad (4\text{-}3)$$

其中，X，Y为两个图像域，x和y代表两个域中的图像，D_Y是判别器$D(Y)$，代表y属于域Y的概率，$E_{y \sim P_{\text{data}}(y)}$代表$y$取自$Y$的期望，$E_{x \sim P_{\text{data}}(x)}$代表$x$取自$X$的期望。

对于生成器$F: Y \to X$，其对应的判别器$D(X)$的损失函数为

$$L_{GAN}(F, D_X, Y, X) = E_{x \sim P_{\text{data}}(x)}[\log D_X(x)] + E_{y \sim P_{\text{data}}(y)}\left[\log\{1 - D_X[F(y)]\}\right] \quad (4\text{-}4)$$

其中，F是由域Y向域X的映射函数，D_X是判别器$D(X)$，代表x属于域X的概率。

（2）循环一致性损失。

CycleGAN同时进行G和F两个映射，并要求将X的图片转换到Y空间后还可以进行还原，有效避免了模型把所有X的图片都转换为Y空间中的同一张图片。循环一致性损失定义为

$$L_{\text{cyc}}(G, F) = E_{x \sim P_{\text{data}}(x)}\left\{\left\|F[G(x)] - x\right\|\right\} + E_{y \sim P_{\text{data}}(y)}\left\{\left\|G[F(y)] - y\right\|\right\} \quad (4\text{-}5)$$

其中，第1项为域X中的图像x经生成器G作用后生成$G(x)$，$G(x)$再由生成器

F 作用变为 $F[G(x)]$ 后， $F[G(x)]$ 应与图像 x 近似。第2项与第1项同理。

网络的所有损失相加就是CycleGAN的目标损失：

$$L(G, F, D_X, D_Y) = L_{GAN}(G, D_Y, X, Y) + L_{GAN}(F, D_X, Y, X) + \lambda L_{cyc}(G, F) \tag{4-6}$$

其中， λ 是权重系数，用来控制损失之间的相对重要性。

2. 协调注意力机制（CA）

注意力机制被广泛用于提高现代深层神经网络的性能。计算机视觉专家侯启斌等基于SE（Squeeze-and-Excitation Networks）和CBAM（Convolutional Block Attention Module）提出了一种新的注意机制，将位置信息嵌入通道注意，使移动网络能够在大范围内关注，同时避免了巨大的计算开销。Hou等将位置信息嵌入通道注意，将一个二维的池化操作转换成了两个一维的池化操作，沿着两个方向聚合特征，生成的特征映射被分别编码成方向感知和位置敏感的注意映射，应用于输入特征以增强感兴趣对象的表示。具体地说，为了鼓励注意力块以精确的位置信息在空间上捕获远程交互，文献[88]给定输入 x ，使用两个空间范围的池核 $(H, 1)$ 或 $(1, W)$ 分别沿水平坐标和垂直坐标对每个通道进行编码。因此，高度 h 处的第 c 个信道的输出为

$$Z_c^h(h) = \frac{1}{W} \sum_{0 \leqslant i < W} x_c(h, i) \tag{4-7}$$

其中，输入 x 直接来自具有固定内核大小的卷积层。类似地，宽度 w 处的第 c 个信道的输出可以写为

$$Z_c^w(w) = \frac{1}{H} \sum_{0 \leqslant j < H} x_c(j, w) \tag{4-8}$$

给定式（4-7）和式（4-8）生成的聚合特征图，首先进行拼接，然后利用一个共享的1×1卷积变换函数 F_1 ，得到

$$f = \delta \left[F_1 \left([Z^h, Z^w] \right) \right] \tag{4-9}$$

其中， δ 为非线性激活函数， $f \in R^{C/r \times (H+W)}$ 为水平、垂直方向编码空间信息的中间特征图。 r 是缩减比用来控制块大小，然后将 f 分为两个独立张量 $f_h \in R^{C/r \times H}$ 和 $f_w \in R^{C/r \times W}$ 。利用另外两个1×1卷积变换将 F_h 和 F_w 变换为与输入 X 具有相同信道数的张量，得到

$$g^h = \sigma \left[F_h \left(f^h \right) \right] \tag{4-10}$$

$$g^w = \sigma\left[F_w\left(f^w\right)\right] \tag{4-11}$$

其中，σ 为 sigmoid 函数，使用适当的缩减率 r 来减少 f 的信道数，然后将输出 g^h 和 g^w 分别展开用作注意力权重。坐标注意力块 Y 的输出为

$$y_c(i,j) = x_c(i,j) \times g_c^h(i) \times g_c^w(j) \tag{4-12}$$

4.2.2　改进的循环生成对抗网络模型

循环一致性损失将还原图片 $F[G(x)]$ 与真实图片 x、还原图片 $G[F(y)]$ 与真实图片 y 的损失考虑在内，然而这种端到端的损失未能详尽考虑其转化过程中的风格损失，因此本章在 CycleGAN 循环一致性损失函数中添加同一映射损失；而协调注意力机制则是从横向和纵向两个角度对输入图像进行注意力筛选，缺少综合周围语义信息的有效手段，故本章为协调注意力机制添加多尺度融合策略，使得网络模型能够从多方面的特征信息中筛选最为有效的特征信息。从逻辑层面来说，本章算法是使用多尺度融合的协调注意力机制对 CycleGAN 生成模块中的上采样区域进行特征筛选，在训练过程中利用同一映射损失降低图像转化过程中的风格损失，经过多次循环训练使得 CycleGAN 最终实现良好的风格转化。

1. 同一映射损失

CycleGAN 算法的循环一致性损失函数将图片还原之后与原始输入图片做差值并简单求和，在一定程度上可以计算原始图片与还原图片的差异，但是未考虑到生成图片 $G(x)$ 与真实图片 y 的损失，同时也未考虑生成图片 $F(y)$ 与真实图片 x 的损失。以原始图片 x 到生成图片 $G(x)$ 再到还原图片 $F[G(x)]$ 为例（其中，真实图片 x 与真实图片 y 为不成对图像），由原始图片 x 到生成图片 $G(x)$ 的生成损失较生成图片 $G(x)$ 到还原图片 $F[G(x)]$ 的损失更为重要。如果生成图像与真实图片 y 的风格损失很大，后续的生成图片 $G(x)$ 到还原图片 $F[G(x)]$ 的变换也不会成功，本章基于此改进了循环一致性损失函数，在原始循环一致性损失的基础上加入同一映射损失，即

$$
\begin{aligned}
L_{\text{cyc}}(G,F) &= E_{x \sim P_{\text{data}}(x)}\left\{(1-\lambda_1)\|F[G(x)]-x\| + \lambda_1\|G(x)-y\|\right\} \\
&+ E_{y \sim P_{\text{data}}(y)}\left\{(1-\lambda_2)\|G[F(y)]-y\| + \lambda_2\|F(y)-x\|\right\}
\end{aligned} \tag{4-13}
$$

其中，λ_1 为 $x \to G(x) \approx y$ 过程中的损失权重，$(1-\lambda_1)$ 为 $F[G(x)] \approx x$ 过程的损失权

重，本章认为整个过程中的损失之和为1。λ_2同理为$y \rightarrow F(y) \approx x$过程的损失权重，$(1-\lambda_2)$为$G[F(y)] \approx y$过程的损失权重。

图4-10显示了算法模型的训练流程框架。以正向循环为例，本章算法具体训练过程为：首先，将真实未修复唐代壁画图像x输入，由生成器G生成修复的唐代壁画图像$G(x)$，再利用判别器$D(X)$判断生成图像是否为真，并将输出反馈到生成器G进行对抗博弈；最后通过生成器F还原为验证的未修复唐代壁画图像$F(G(x))$，利用循环一致性损失及同一映射损失，确保最终验证壁画图片与真实壁画图像是尽可能相似的。

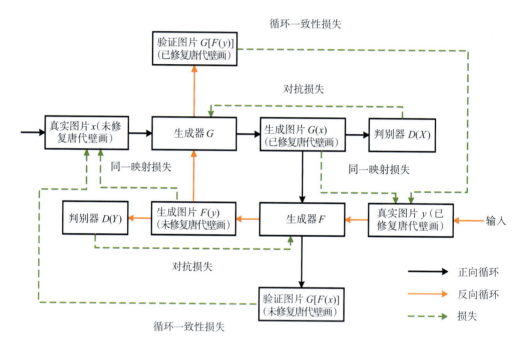

图4-10 算法模型的训练流程框架

2. 多尺度融合协调注意力机制

协调注意力机制只考虑横纵两个方向的重要性程度，没有从整体上考虑周围语义信息的重要性程度，本章对协调注意力机制网络结构进行改进，加入多尺度特征融合思想，构成多尺度融合的协调注意力机制（Multi-scale Fusion Coordinated Attention Mechanism，MFCAM）。首先对输入图像分别进行卷积核大小分别为1×1、3×3、5×5、7×7的多尺度卷积运算，得到不同感受野大小的特征信息，然后对4个通道进行特征融合，同时从横纵两个方向进行适应性平均池化，再进行维度拼接与卷积操作，以及批归一化与非线性激活，紧接着分别对横纵两个方向使用Sigmoid函数进行重要性程度判别，对特征图进行权重赋值。通过在生成器 G 的上采样区的第2层引入多尺度融合的协调注意力机制，建立图像各个位置像素间的关联关系，提高了生成图像的协调性和质量。

改进后的生成器 G 由三部分组成，分别为：由卷积神经网络组成的下采样区域，从输入图像和风格图像提取特征表达；由残差网络组成的中间区域进行图像转换；由反卷积神经网络与多尺度融合的协调注意力机制组成的上采样区域，其具体模块结构如图4-11所示。

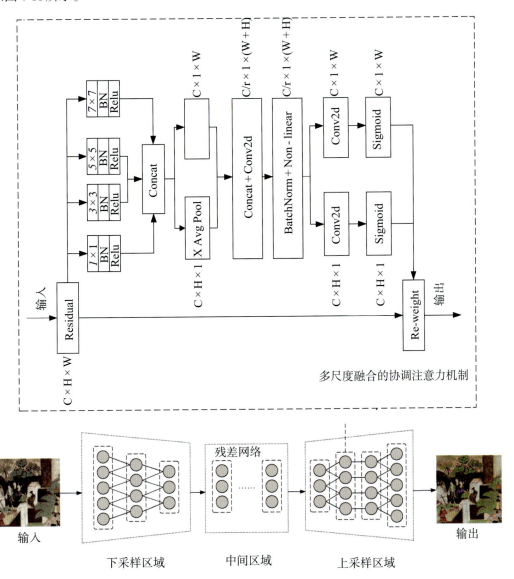

图4-11 生成模块结构图

3. 算法步骤

常见的算法描述方法有自然语言、结构化流程图、伪代码等，本章参考文献[7]采用自然语言的方法对算法进行形式化定义。

针对敦煌壁画中唐代壁画色彩修复的 MFCA-CycleGAN 算法流程的描述如下所示。输入包括未修复壁画图像 x 与已修复壁画图像 y，输出为利用风格迁移方法进行色彩修复后的壁画图像 $G(x)$。具体流程为：首先，对于输入的未修复壁画图像 x 与已修复壁画图像 y，经过生成网络 G 生成已修复壁画图像 $G(x)$ 与还原的已修复壁画图像 $G[F(y)]$，再经过生成网络 F 生成未修复壁画图像 $F(y)$ 与还原的未修复壁画图像 $F[G(x)]$；其次，将生成网络梯度设置为 0，利用式（4-13）计算同一映射损失 $L_{cyc}(G,F)$ 对生成网络进行反向传播，计算生成网络 G、F 的梯度并更新权重参数；再次，使用均方根误差计算判别网络 $D(X)$、$D(Y)$ 的梯度并更新权重参数；最后，重复 Step1 至 Step8，迭代 n 次得到最优模型，输出利用本章算法进行色彩修复后的壁画图像。

（1）输入：未修复壁画图像 x，已修复壁画图像 y。

（2）输出：生成的已修复壁画图像 $G(x)$。

①Step1：利用生成网络 G 生成已修复壁画图像 $G(x)$、$G[F(y)]$；

②Step2：利用生成网络 F 生成未修复壁画图像 $F(y)$、$F[G(x)]$；

③Step3：将生成器梯度 G_{grad}、F_{grad} 设置为 0；

④Step4：利用式（4-13）计算同一映射损失 $L_{cyc}(G,F)$ 进行反向传播；

⑤Step5：更新生成网络 G、F 权重参数；

⑥Step6：将判别网络梯度 $D(X)_{grad}$、$D(Y)_{grad}$ 设置为 0；

⑦Step7：使用均方根误差计算判别网络梯度 $D(X)_{grad}$、$D(Y)_{grad}$；

⑧Step8：更新判别网络 $D(X)$、$D(Y)$ 参数；

⑨Step9：重复 Step1 至 Step8，迭代 n 次不断更新并保存最优模型；

⑩Step10：输出生成的已修复壁画图像 $G(x)$。

本章算法模型需要迭代 n 次，数据集包含 m 条数据，m 条数据经过前向传播生成对应的风格图像、梯度函数的计算等均需要经过 $n \times m$ 次循环迭代来更新网络模型参数，因此本章算法时间复杂度为 $O(nm)$。

4.2.3　实验结果与分析

1. 实验环境

通过使用Python3.8和pytorch1.8.1搭建实验网络，来验证利用本章改进算法进行壁画图像色彩修复的有效性。其中硬件环境为i5-9400F，NVIDIA GeForce RTX 2060 SUPER，16 GB内存，软件环境为Windows 10、Pycharm。

2. 实验数据集

实验使用图像数据集为截图于《中国敦煌壁画全集》电子资源画册的唐代未修复壁画图像以及人工修复的唐代壁画图像。其中，唐代未修复壁画图像692张，人工修复唐代壁画图像572张。部分唐代未修复壁画图像如图4-12所示，部分人工修复唐代壁画图像如图4-13所示。

图4-12　部分唐代未修复壁画

图4-13　部分人工修复唐代壁画

3. 实验结果与分析

（1）模型训练。

将未修复壁画图像和人工修复壁画图像按照8∶2的比例进行划分。其中，训练集为已修复壁画图像458张与未修复壁画图像554张，测试集为已修复壁画图像114张与未修复壁画图像138张。初始学习率设置为0.0002，epoch设置为100，网络中的超参数设置为10，Batchsize设置为8。

其中 λ_1 与 λ_2 为自优化超参数，初始设置均为0.2。图4-14为原始壁画图像，图4-15为100次迭代训练之后的壁画修复结果。

图4-14　原始壁画

图4-15　100次迭代训练之后的修复壁画

从图4-15中可以明显看出，修复后的壁画色彩更加鲜艳、色彩饱和度更高，并且具有较高的可信度。修复后的图像色彩从视觉上来看基本延续了原始壁画的色彩，并对原始壁画的色彩进行了很好的视觉效果增强。

（2）局部褪色壁画图像修复对比实验。

通过将人工修复的壁画图像裁剪为224×224像素大小的壁画图像，并对裁剪后的壁画图像进行矩形区域随机去色处理，获得了局部褪色的壁画图像数据集。分别应用文献[89]、文献[90]、文献[91]和本章方法进行壁画局部色彩修复实验，其结果如图4-16所示。

文献[89]修复后的壁画图像整体存在模糊问题，如图4-16（c）所示的第2张，虽将壁画图像褪色部分进行了修复，但整体上呈现出模糊的状态，修复效果不佳。文献[90]修复后的壁画图像在色彩细节上与原始壁画图像差异较大，如图4-16（d）所示的第4张。文献[91]修复后的壁画图像效果相对不理想。

此外，本章算法在整体效果较好，但在局部壁画色彩修复方面存在不理想的情况。经分析，出现这种情况是由于在同一映射损失函数计算过程中，$x \rightarrow G(x) \approx y$ 及 $y \rightarrow F(y) \approx x$ 损失的存在，弱化了原始CycleGAN中的循环损失函数，使得图像生成时更加关注整体图像风格的迁移，而部分区域未能实现有效颜色修复，但从实验效果可以看出，采用本章算法修复的局部褪色壁画图像相较其他算法取得了最好的效果。

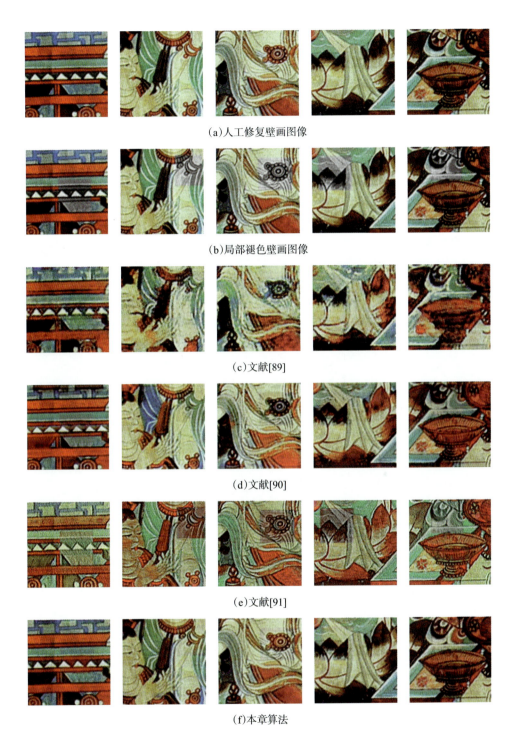

(a)人工修复壁画图像

(b)局部褪色壁画图像

(c)文献[89]

(d)文献[90]

(e)文献[91]

(f)本章算法

图4-16　局部褪色壁画图像的不同算法实验结果

（3）整体壁画图像色彩修复对比实验

分别应用文献[89]、文献[90]、文献[91]以及本章方法进行壁画图像色彩修复对比实验，实验结果如图4-17所示。本章利用结构相似性（Structural Similarity， SSIM）、图像峰值信噪比（Peak Signal to Noise Ratio， PSNR）、学习感知图像块相似度（Learned Perceptual Image Patch Similarity， LPIPS）、Frechet Inception距离得分（Frechet Inception Distance score， FID）以及用户调研评价（User study， US）对色彩修复后的壁画图像进行评价。一般情况下，PSNR值越高，对应的图像修复效果就越好；

（a）原始壁画   （b）文献[89]   （c）文献[90]   （d）文献[91]   （e）本章算法

图4-17 整体壁画图像色彩修复的不同算法实验结果

SSIM 为[0，1]的数值，其值越高，图像相似度越高；LPIPS 与人类感知情况更为相似，当数值较低时，两幅图片的相似性会更大；FID 是一种专门用来评估生成对抗网络性能的方法，它将生成的壁画图像与真实的壁画图像进行对比，计算一个"距离值"，该值越小，图像质量越好。不同网络的定量指标对比见表4-7所列。

表4-7　不同网络的定量指标对比

网络	SSIM/%	PSNR/dB	LPIPS	FID	US/%
文献[89]	71.04	18.44	0.2862	180.55	15
文献[90]	65.03	14.253	0.2735	214.85	2
文献[91]	44.13	13.667	0.5324	210.01	5
本章算法	90.60	22.515	0.1502	119.31	78

从 SSIM 与 PSNR 来看，本章算法在4组图像中的值是最高的，分别达到90.60%与22.515 dB，从 LPIPS 与 FID 来看，本章算法在4组图像中的值达到最低，分别为0.150 2与119.31。通过以上客观评价指标及实验结果可以看出，本章方法可以获得更加清晰可靠的壁画色彩修复图像，还原历史现场，为壁画色彩修复提供了可鉴性参考，节省了修复壁画的时间，也提高了壁画修复质量，达到了更为真实的视觉效果，并且整体上的修复效果与其他方法相比更为合理、主观视觉更为顺畅，在整体的颜色重建上有很好的效果。

通过对100名用户进行调研，得到了4种方法翻译图像效果的主观评价，在不同算法的效果对比中，有78%的评选结果认为本章方法的输出图像是最佳图像，从而证明本章方法相较文献[89]、文献[90]、文献[91]更具普遍性，有效地提高了修复图像的视觉效果。

（4）对迁移学习效果的验证

为了证明创新模块的有效性，本章在 horse2zebra 及 apple2orange 数据集上分别进行了实验，并将实验效果和原始循环一致性网络 CycleGAN 进行了对比，对比情况分别如图4-18所示。其中 horse2zebra 数据集包含939张马的图片以及1177张斑马图片、apple2orange 数据集包含1261张苹果图片以及1267张橙子图片。

图4-18（a）展示了原始网络以及本章网络对 horse2zebra 数据的转换结果，如第一列所示，可以明显观察到本章在马尾及图像边缘处理效果更好。图4-18（b）展示了原始网络以及本章网络对 apple2orange 数据的转换结果，可以看到本章算法对叶子的处

理更贴近内容图像，在风格进行迁移的情况下，更好地保持了叶子的颜色与形状。经过以上对比可以发现，在迭代次数相同情况下，本章方法能更快地实现风格迁移，并取得更加逼真的风格迁移效果。

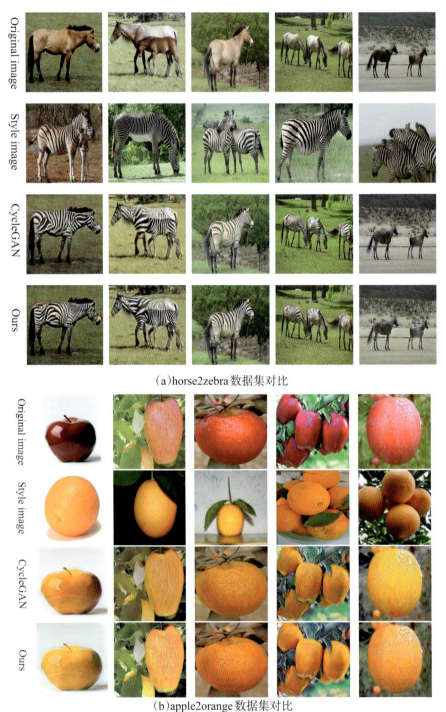

（a）horse2zebra数据集对比

（b）apple2orange数据集对比

图4-18 不同数据集迁移学习的实验结果

（5）消融实验。

① 不同权重系数实验分析。

本节对壁画数据集做消融研究，分析提出的改进损失函数的壁画色彩修复效果，对比了当 λ_1 与 λ_2 取不同值时的实验效果，具体实验配置以及性能表现比较见表4-8所列。实验结果如图4-19所示。图4-19中的第1行是原始壁画图像、第2行是原始Cycle-GAN色彩修复后的壁画图像、第3行是 $\lambda_1 = \lambda_2 = 0.1$ 时色彩修复后的壁画图像、第4行是 $\lambda_1 = \lambda_2 = 0.2$ 时色彩修复后的壁画图像、第5行是 $\lambda_1 = \lambda_2 = 0.3$ 时色彩修复后的壁画图像、第6行是 $\lambda_1 = \lambda_2 = 0.4$ 时色彩修复后的壁画图像、第7行是 $\lambda_1 = \lambda_2 = 0.5$ 时色彩修复后的壁画图像、第8行是 $\lambda_1 = \lambda_2 = 0.7$ 时色彩修复后的壁画图像、第9行是 $\lambda_1 = \lambda_2 = 0.9$ 时色彩修复后的壁画图像。

表4-8　实验配置和性能表现比较

权重系数	生成器损失	循环一致性损失
$\lambda_1=0.1$　$\lambda_2=0.1$	0.050	1.739
$\lambda_1=0.2$　$\lambda_2=0.2$	0.015	3.538
$\lambda_1=0.3$　$\lambda_2=0.3$	0.044	2.743
$\lambda_1=0.4$　$\lambda_2=0.4$	0.033	3.203
$\lambda_1=0.5$　$\lambda_2=0.5$	0.032	3.340
$\lambda_1=0.7$　$\lambda_2=0.7$	0.041	4.297
$\lambda_1=0.9$　$\lambda_2=0.9$	0.055	0.361

(a)原始壁画图像

(b)原始CycleGAN色彩修复后的壁画图像

(c)$\lambda_1=\lambda_2=0.1$

(d)$\lambda_1=\lambda_2=0.2$

(e)$\lambda_1=\lambda_2=0.3$

(f)$\lambda_1=\lambda_2=0.4$

(g)$\lambda_1=\lambda_2=0.5$

(h)$\lambda_1=\lambda_2=0.7$

(i)$\lambda_1=\lambda_2=0.9$

图4-19 不同权重系数实验对比

由表4-8可以看出，当 $\lambda_1=\lambda_2=0.2$ 时，生成器损失达到最低为0.015。且由图4-19的实验结果可以看出，当 $\lambda_1=\lambda_2=0.1$ 时，相较于原始CycleGAN，并未进行有效还原；$\lambda_1=\lambda_2=0.2$ 时，壁画的色彩自然，颜色区分度大，同时人物衣服颜色与整体壁画颜色饱和度真实，在用人眼进行观察时有比较好的视觉效果，具有较高的可信度；$\lambda_1=\lambda_2=0.3$ 时，壁画图像还原较为完善，但是颜色整体偏暗，且人物衣服修复效果较差；$\lambda_1=\lambda_2=0.4$ 时，修复后的壁画图像整体颜色偏向青色；$\lambda_1=\lambda_2=0.5$ 时，修复后的壁画图像整体颜色偏向紫色；$\lambda_1=\lambda_2=0.7$ 时，修复后的壁画图像整体颜色偏向绿色；$\lambda_1=\lambda_2=0.9$ 时，修复后的壁画图像出现明显的棋盘效应且壁画图像变得模糊。故相较之下，$\lambda_1=\lambda_2=0.2$ 时的壁画修复效果最好。

② 协调注意力机制实验分析。

本节对协调注意力机制做了消融研究，分析注意力机制在壁画色彩修复的效果，其结果如图4-20所示。

(a)原始壁画

(b) $\lambda_1=\lambda_2=0.2$

(c) $\lambda_1=\lambda_2=0.2+CA$

图4-20 协调注意力机制消融实验结果

在原始网络的基础上加入同一映射损失，壁画图像颜色效果得以改善，但图像内容的边缘模糊且图像色彩之间的衔接粗糙。加入协调注意力机制后，算法在色彩处理上更加协调，且未出现失真现象，图像中部分与部分之间的衔接较为平滑精细，修复后的壁画色彩视觉效果更加合理。

③ 多尺度融合的协调注意力机制实验分析。

本节对多尺度融合的协调注意力机制做了消融研究，分析提出的多尺度融合的协调注意力机制在壁画色彩修复的效果。具体实验结果如图4-21所示。图4-21中的第1行是原始壁画图像、第2行是添加注意力机制时生成的色彩修复的壁画图像、第3行是添加多尺度融合的协调注意力机制时生成的色彩修复的壁画图像。

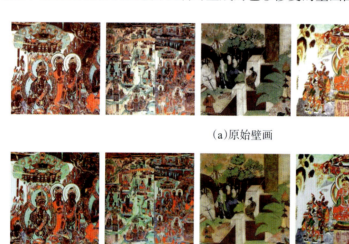

（a）原始壁画

（b）$\lambda_1=\lambda_2=0.2+$CA

（c）$\lambda_1=\lambda_2=0.2+$MFCA

图4-21　多尺度融合注意力机制消融实验结果

经实验证明，使用多尺度融合的协调注意力机制善于捕获全局细节，对颜色的捕获非常敏感，对于图像生成效果起到至关重要的作用。如第1列的壁画图像较原壁画图像色彩更加鲜艳，引入多尺度融合的协调注意力机制有明显的效果提升，对壁画图像在颜色上的还原起到了良好的作用。

（6）模型复杂性分析。

为了测试本章模型与其他模型的复杂性，本章参考文献[92]，选用参数量、运算量与单次训练耗时作为算法模型复杂度的评价指标。其中，参数量是指网络的总参量，与空间复杂度相对应。运算量是指网络中浮点运算总量，与时间复杂度相对应。单次训练耗时为对应网络模型迭代一次所需平均时间。具体实验结果见表4-9所列。

表4-9　模型复杂度分析

参数	文献[89]	文献[90]	文献[91]	本章算法
运算量/GFLOPs	17	8.6	15.5	17.5
单次训练耗时/s	46	56	66.5	48
参数量/M	28.28	45.98	138	28.36

本章算法模型复杂度与文献[89]相比，仅与同一映射损失函数以及多尺度融合的协调注意力机制有关。而在同一映射损失函数的计算过程中，相关变量无须重复计算，故对模型复杂度的影响微乎其微。因此，多尺度融合的协调注意力机制对本章算法复杂度的影响最大。参照表4-9可知，在与文献[89]的参数量、运算量与单次训练耗时大致相当的条件下，本章模型在实际壁画色彩修复中取得了最佳效果。从单次训练耗时来看，本章算法的速度明显快于文献[90]与文献[91]，基本满足了速度要求。

此外，本章算法虽在运算量上与文献[90]存在较大差距，但从实际修复效果来看，本章色彩修复后的壁画图像更加色彩鲜明且真实细腻。相比于其他3种模型，本章算法在主、客观层面都取得了较为理想的效果，模型性能有较好提升。

4.3　本章小结

本章针对中国古代壁画图像遭遇损坏、亟待修复保护的问题，提出了增强一致性生成对抗网络来实现壁画修复。首先，以全卷积网络作为基础架构的生成网络实现掩码壁画图像的修复，其中，采用空洞卷积的方式优化生成网络结构；然后，判别网络使用局部判别网络和全局判别网络联合优化网络模型，使得生成网络输出的壁画图像全局和局部的一致性表达能力更强；最后，通过与已有的算法比较，本章算法在壁画图像修复的主观视觉效果、峰值信噪比和结构相似性等方面都有明显提高，结果表明，本章算法在图像信息复杂、纹理结构较强的壁画图像修复上有更好的效果。本章提出的算法在进行壁画修复时，对待修复壁画图像掩码区域周围的图像质量要求较高，另外对于纹理复杂、缺失过大的待修复区域，还存在修复区域模糊，纹理信息缺失等问题。今后将进一步获取题材丰富的高质量壁画图像数据集，采取合适的图像增强算法扩充数据集；引入迁移学习思想，应用较为成熟的网络模型再经过壁画图像数据集训练；加深网络层数，从获取更多图像信息等角度进行研究，实现大面积的壁画图像修复。

此外，本章又针对唐代壁画修复过程所面临壁画色彩难以较好修复的问题，基于循环生成对抗网络的壁画色彩修复模型，首先将同一映射损失加入循环一致性对抗损失函数中，然后在生成器中引入多尺度融合的协调注意力机制，得到一个最优的壁画色彩修复网络模型。分别与CycleGAN、WGAN等三种算法进行了对比，其中，SSIM分别提高16.59%、25.57%、46.47%，达到了90.60%；PSNR分别提高4.075 dB、7.992 dB、8.848 dB，达到了22.515 dB；LPIPS分别降低0.136、0.1233、0.3822，达到了0.1502；FID分别降低61.24、95.54、90.7，达到了191.31。然后，由于客观参数的对比并不能完全替代人眼视觉对壁画色彩修复图像的感受，为了使得壁画修复图像的重建更具普遍性，采用无参照主观评价验证了改进后的算法在壁画图像色彩的修复上具有有效性和卓越性。最后，通过对权重系数及多尺度融合的协调注意力机制进行消融实验，验证了本章方法可以达到在不依赖专家知识的情况下恢复褪色的壁画图像的颜色，节省了壁画修复的时间。因此，本章模型在壁画色彩修复领域更加实用且具有可行性。

第五章 基于稳定增强生成对抗网络的古代壁画超分辨率重建方法

本章针对古代壁画分辨率低、纹理细节模糊不清导致壁画观赏性不足和研究价值不高的问题，提出一种稳定增强生成对抗网络的超分辨率重建算法 SESRGAN（stable enhanced super-resolution generative adversarial networks）。以生成对抗网络为基础框架，生成网络采用密集残差块提取壁画特征，使用VGG网络作为判别网络的基本框架判断输入壁画的真假，引入感知损失、内容损失和惩罚损失3个损失共同优化模型。结果实验表明，与其他相关的超分辨率算法进行比较，验证本章算法的重建效果较好。

5.1 相关理论

5.1.1 残差网络和密集网络

残差网络（ResNet）是为了解决卷积神经网络深度变深时网络性能饱和、退化，容易出现梯度弥散或者消失，并且训练精度和测试精度会下降的问题，残差网络结构图如图5-1所示，假设上一层的输出即本层的输入为 x，本层的残差为 $F(x)$，将下一层的输出为 $H(x)$；通过跳跃连接（skip connection）的方法将 x 传递给下一层 $H(x)$。那么 $H(x)=F(x)+x$，这一层的残差就可以表示为 $F(x)=H(x)-x$，这种残差结构可以在比较深的网络中提升性能，本章引入残差块作为生成网络的一部分。

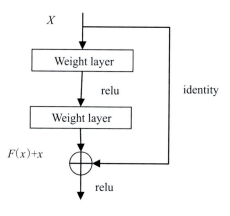

图 5-1 残差网络结构图

密集网络（DenseNet）致力于从特征重用的角度来提升网络的性能，是一种具有密集连接的卷积神经网络，并且任意两层之间都有着紧密的联系。DenseNet的每一层都收到来自所有先前层的输入，然后将其特征映射输出到所有的后续层，因此提升了信息和梯度在网络中的传输效率。这种结构的好处在于可以实现特征的重用，可以缓解梯度消失，加强特征传播，大幅减少了参数与数量。密集网络结构如图5-2所示。

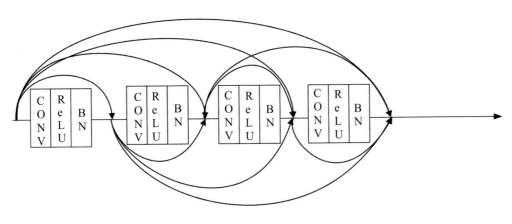

图 5-2　密集网络结构图

5.1.2　WGAN-GP

梯度惩罚理论 WGAN-GP 是针对 WGAN 存在的问题提出来的，WGAN 在真实的实验过程中依旧存在着训练困难、收敛速度慢的问题，相比较而言，传统 GAN 在实验上的提升不是很明显。WGAN-GP 指出了 WGAN 存在问题的原因，WGAN 在处理 Lipschitz 限制条件的过程中，直接采用了权重裁剪（weight clipping），每当更新完一次判别器的参数之后，就检查判别器的所有参数的绝对值有没有超过一个阈值 n，有的话就把这些参数 clip 回 $[-n，\ n]$ 范围内。通过在训练过程中保证判别器的所有参数有界，就保证了判别器对两个略微不同的样本在判别上不会差异过大，从而间接实现了 Lipschitz 限制，但是这样做导致了绝大部分的 weight 趋近于两个极端。因此 WGAN-GP 做了如下改进：使用梯度惩罚（gradient penalty）取代了 weight clipping，采用 Adam 优化器取代 RMSprop 优化器，在生成图像上增加高斯噪声。实验结果表明，该方法相比 WGAN 而言，能够更稳定地训练 GAN 模型，几乎不需要反复调整超参数，并且使模型快速地收敛和生成质量较好的壁画。

5.2　稳定增强生成对抗网络模型

由于壁画具有注重色彩协调和搭配，背景基调淡雅，但是人物色彩浓重富有变化、不同种类壁画的内容和其色彩地位存在差异等特点，结合生成对抗网络的特性，从网络结构设计和损失函数的引入做出以下改进。

（1）在生成网络中使用含有残差缩放的密集残差块代替原生成网络中的残差块，

对图像的深层特征充分提取壁画色彩和内容信息，并且去除密集块中的BN层以获得更多的壁画特征。

（2）在判别网络的设计中使用谱归一化层（Spectral Nomarlization，SN）代替原网络中的BN层，去除Sigmoid层并且引入WGAN-GP理论优化对抗损失，增加网络训练的稳定性，避免了模型训练的崩溃。

（3）在计算感知损失时，使用激活前而不是激活后的特征信息进行计算，为壁画的亮度一致性和局部纹理细节恢复提供更强的监督。

5.2.1　整体结构

为了更好地重建高分辨率图像，本章设计的稳定增强生成对抗网络结构（SES-RGAN）如图5-3所示。生成网络将低分辨率壁画LR作为输入，经过密集残差网络提取特征，然后通过上采样和卷积重建图像后输出超分辨率重建壁画SR，将SR与高分辨率壁画HR真值一起输入判别网络，最后判别网络负责判别输入图像的真假。

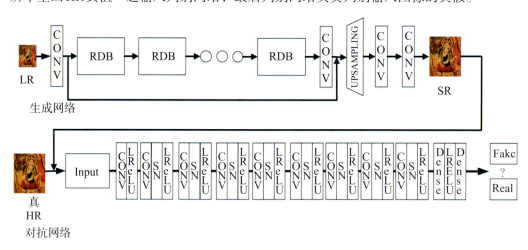

图5-3　稳定增强生成对抗网络结构图

1.残差缩放的密集残差块

为了能提取壁画不同深度的色彩信息和内容特征，更好地恢复图片质量，对生成网络做了如下调整：使用含有残差缩放的密集残差块（Dense residual block with residual scaling，RS-RDB）代替原有的残差块（RB），对输入的图像进行深层特征提取，由于更多的层和更多的连接总会提高网络的性能，所以结合多残差网络和密集连接加深了网络的深度，RS-RDB如图5-4所示。为了能在提取更多图像特征的同时又防止过深的网络容易造成过拟合，因此使用了23个RS-RDB，有利于获取与恢复纹理去除噪声。1个RS-RDB由3个密集块（Dense Block，DB）组成，并且引入残差缩放在其中，将残差乘一个（0，1）中的数值β，增加训练深层网络的稳定性，其中，密集块由4个卷积层Conv和4个带泄露的激活函数Leaky Relu构成，为了壁画网络模型的一致性、稳定性，去除Dense Block模块中的BN层，以减少计算复杂度和内存的占用。因为对于不同的基于峰值信噪比来说，去掉BN层已经被证明会提高模型的效果和减少计算的复杂度，并且BN层会倾向于在壁画中生成不好的伪影，限制了模型的泛化能力。密集块如图5-5所示。通过上述的密集残差块将输入的壁画特征提取出来，然后生成高分辨率图像，使用两层亚像素卷积层（Pixel shuffler）来放大图像的尺寸，最后使用一个3×3的卷积层输出3通道的高分辨率图像。

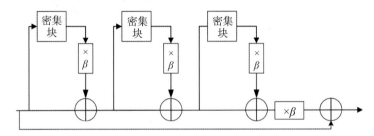

图 5-4　含有残差缩放的密集残差块

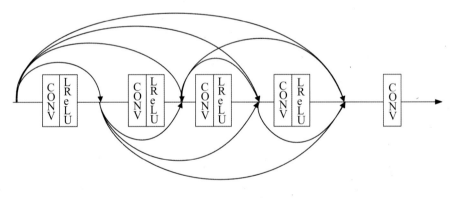

图 5-5　密集块

2. 判别网络的设计

判别网络首先使用了64通道卷积层对输入的壁画进行浅层提取，然后使用了8个卷积层，为了更好地满足Lipschitz约束，每个卷积层Conv后面归一化层使用SN层而不是BN层，即将参数矩阵除以它的谱矩阵，不会破坏矩阵内部的参数关系。谱归一化的作用是对判别网络中结构参数进行限制，类似于引入一个新的正则化项，防止网络训练过程总朝着一个方向训练，有助于生成网络训练达到更好的效果，属于过程参数的优化，因此在模型的可行性证明中对 GAN 的目标函数无影响。采用 Leaky Relu 作为激活函数，由于用 Wasserstein 距离代替 JS 散度来度量壁画真实样本和壁画生成样本之间的距离属于回归任务，所以本章做出如下调整：在最后没有使用原始判别网络设计的 Sigmoid 激活函数，而是使用两个全连接层直接输出图像真实的概率，判别网络信息表见表 5-1 所列。

表 5-1 判别网络的详情信息表

名称	类型	卷积核	步长	填充度	输出
Conv0_0	conv	3×3	1×1	1	64
Conv1_0	conv	4×4	2×2	1	64
Conv1_1	conv	3×3	1×1	1	64
Conv2_0	conv	4×4	2×2	1	128
Conv2_1	conv	3×3	1×1	1	128
Conv3_0	conv	4×4	2×2	1	256
Conv3_1	conv	3×3	1×1	1	256
Conv4_0	conv	4×4	2×2	1	512
Conv4_1	conv	3×3	1×1	1	512
FC0	FC	—	—	—	100
FC1	FC	—	—	—	1

5.2.2 损失函数

损失函数用于判断模型重建图像后的好坏，为了使重建后的图像有更真实的视觉效果，本章使用感知损失和内容损失对生成网络进行优化，使用对抗损失优化对抗网络，最终损失函数计算见式（5-1），其中，λ_1，λ_2 表示用来平衡不同损失的系数。

$$l_{\mathrm{G}} = l_{\mathrm{MSE}}^{\mathrm{SR}} + \lambda_1 l_{\mathrm{VGG}}^{\mathrm{SR}} + \lambda_2 l_{\mathrm{adv}} \qquad (5-1)$$

1. 内容损失

为了保证重建后的图像和原始图像信息的准确性，本章采用的是 MSE（mean squard error）损失作为生成网络的内容损失。像素级别的损失计算的是生成图像像素与真实图像像素的空间误差，像素级别的 MSE 损失计算见式（5-2）。

$$l_{\text{MSE}}^{\text{SR}} = \frac{1}{r^2 W H} \sum_{x=1}^{rW} \sum_{y=1}^{rH} \left[I_{x,y}^{\text{HR}} - G_{\theta_G}(I^{\text{LR}})_{x,y} \right]^2 \tag{5-2}$$

其中，r 表示图像的缩放因子，W，H 表示图像的宽度和高度，$I_{x,y}^{\text{HR}} - G_{\theta_G}(I^{\text{LR}})_{x,y}$ 表示真实图像像素与生成图像像素之间的欧式距离。

2. 感知损失

MSE 损失能够使重建的图形具有极高的峰值信噪比，但是通常缺乏高频内容，对图像的细节起到了模糊的作用。所以本章在生成网络中又引入 VGG 网络中的感知损失，并且使用激活前而不是激活后的特征信息进行计算。因为壁画人物亮度较明显，但是壁画背景亮度偏暗，使用激活后的特征信息监督较弱，计算会造成壁画背景信息特征的缺失。VGG 损失是将生成的高分辨率图像和真实的高分辨率图像送入 VGG19 网络进行特征提取，然后在提取的特征图上再使用均方根误差计算欧氏距离。VGG 计算见式（5-3）。

$$l_{\text{VGG}/i,j}^{\text{SR}} = \frac{1}{W_{i,j} H_{i,j}} \sum_{x=1}^{W_{i,j}} \sum_{y=1}^{H_{i,j}} \left[\varphi_{i,j}(I^{\text{HR}}) - \varphi_{i,j} G_{\theta_G}(I^{\text{LR}})_{x,y} \right]^2 \tag{5-3}$$

其中，$\varphi_{i,j}$ 表示从 VGG19 网络的第 j 层卷积（激活前）的第 i 个池化层之间获取的特征图，然后将 VGG 损失定义为重构图像的特征表示 $G_{\theta_G}(I^{\text{LR}})$ 与参考图像 I^{HR} 之间的欧氏距离，$W_{i,j}$ 和 $H_{i,j}$ 是 VGG 网络中对应特征图的维数。

3. 对抗损失

为了使模型训练更稳定，引入蒙特利大学研究者提出的 WGAN-GP 方法，在 WGAN 基础上进一步完善模型的目标函数，对判别网络做梯度惩罚，WGAN 的损失函数计算见式（5-4）。

$$L(D) = E_{x \sim p_r}[D(x)] - E_{x \sim p_g}[D(x)] \tag{5-4}$$

通过添 Lipschitz 限制使判别器 $D(x)$ 梯度不大于一个有限的常数 K，计算见式（5-5）。

$$\|\nabla_x D(x)\| \leqslant K \tag{5-5}$$

当输入样本变化后不出现大幅度的变化。一般将 K 设置为 1，通过和原来的判别器损失加权合并，即可得到 WGAN-GP 判别器的对抗损失计算公式：

$$l_{\text{adv}} = -E_{x \sim p_r}[D(x)] + E_{x \sim p_g}[D(x)] + \lambda E_{x \sim p_{\hat{x}}}[(\|\nabla_x D(x)\|_p - 1)]^2 \tag{5-6}$$

其中，p_r 表示真实数据的分布，p_g 表示生成数据的分布，$p_{\hat{x}}$ 表示真实数据和生成数据随机取样所得的分布。

5.2.3 算法描述

由于较小的初始化可以帮助网络训练得更优秀，在 SESRGAN 的生成网络使用 DIV2K 和 Flickr2K 高清数据集预训练一个生成器，在此基础上继续对网络进行训练。为了清晰地展现出 SESRGAN 算法实现的有效性，算法具体流程描述如下。

（1）输入：训练数据集由成对的图像组成，包含低分辨率图像数据集 LR 和与之对应的高分辨率图像数据集 HR。

（2）输出：生成网络 G 和对抗网络 D 的模型。

①Step1：将 LR 图像输入到生成网络 G 中，经过重建后输出得到生成的高分辨率图像 HR_g。

②Step2：计算 HR 图像与 HR_g 图像之间的均方误差 MSE，并更新生成网络的参数。

③Step3：重复 Step1 至 Step2 共 n_1 次，得到并保存预训练的生成网络模型 G_1。

④Step4：将 LR 图像输入到 G_1，输出得到生成的高分辨率图像 HR_1。

⑤Step5：将 HR_1 和对应的 HR 输入对抗网络 D 中，并计算对抗损失 l_{adv}，更新对抗网络 D 的参数。

⑥Step6：将 HR_1 和对应的 HR 输入预训练的 VGG 网络，然后使用激活前的特征值计算感知损失 l_{VGG}。

⑦Step7：计算 HR_1 和对应的 HR 之间的内容损失 l_{MSE}。

⑧Step8：计算总损失 l_g，更新并保存生成网络 G 和对抗网络 D 的模型。

⑨Step9：迭代 Step3 至 Step8 共 n_2 次，不断更新并保存生成网络 G 和对抗网络 D 的模型。

SESRGAN 算法训练流程图如图 5-6 所示。

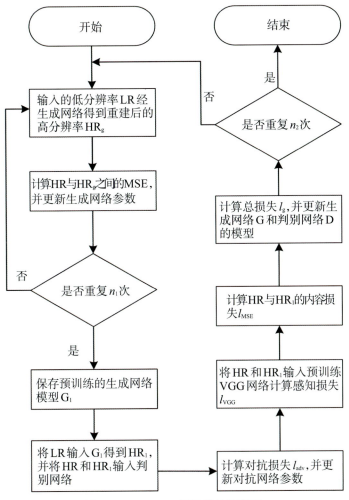

图 5-6　SESRGAN算法训练流程图

5.3　实验结果与分析

5.3.1　实验设计

实验所搭建的硬件环境：CPU 为 InterCorei7- 7700K、内存为 16 GB、显卡为 NVIDIA GeForece GTX1080Ti；所搭建的软件环境：CUDA 版本为 9.0、cuDNN 版本为 7.0、windows 10 操作系统；使用 Python3.6、采用 Pytorch 框架编写测试实验。使用的编译软件为 pycharm2019_3.1_x64。

实验所用到的训练数据集有 800 张 DIV2K 图像、2650 张 Flickr2K 图像和 90 张壁画图像，测试数据集有 30 张壁画图像，本章的壁画数据集由不同风格和类型的壁画组成。首先对数据集进行扩充：使用翻转、旋转180°方法进行数据增强，如图5-7所示。高分辨率图像与低分辨率图像的下采样因子为4。为了加快训练中的输入输出速度，将低分辨率图像裁剪成120×120大小的尺寸、高分辨率图像裁剪成480×480尺寸送入模型。所采用的优化器是Adam优化器，β_1=0.9，β_2=0.99，设置初始学习率为0.0001，学习率衰减参数为0.5，在生成网络模型中引入了残差缩放策略，其中，β=0.2。本章结合袁功霖等提出的二次迁移学习的思想，使用DIV2K数据集在生成网络上预训练一个生成器，用来初始化参数以获得更好的质量和更快的收敛速度，然后再将Flickr2K图像投喂到网络中训练，最后将壁画数据集送入网络继续进行训练，交替更新生成器和判别器模型，最后对得出的结果进行实验分析。

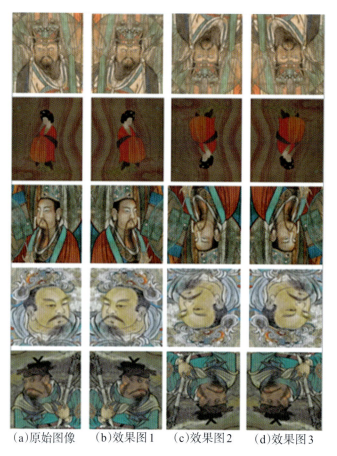

(a)原始图像　　(b)效果图1　　(c)效果图2　　(d)效果图3

图5-7　增强后的壁画图像

5.3.2　评价指标

为了证明算法的有效性，本章依然采用常用的客观评价指标：峰值信噪比（peak

signal to noise ratio，PSNR），结构相似性（structural similarity index method，SSIM）两个指标判断图像重建质量的好坏。两幅图像之间的PSNR值（单位为dB）越高，代表重建图像与高分辨率图像之间的失真越少，即重建后的效果就越理想；SSIM则是从亮度、对比度和结构3方面去判断重建后图像的相似度，SSIM值越接近1，代表两幅图像相似度越高，更加符合大众的视觉感官效果。

目前经常使用的主观评价标准是平均主观意见（Mean Opinion Score，MOS），即用5个等级（很差、差、中等、良好、优秀）对图像进行打分。针对MOS值，邀请50位评估人员从图像的整体感官性和局部细节纹理对各个算法进行打分，分值取值范围为1～5分，然后统计各个评估人员对图像打分的结果，最后并取其平均值作为MOS值的大小评价算法性能。

5.3.3　实验验证

1. 模型训练损失及分析

损失函数是衡量网络结构好坏的一种工具。SESRGAN算法在训练过程中，通过不断更新计算每个参数来实现梯度优化，训练了160×10^3次之后，使参数达到最优值，进而最小化损失函数。各种损失如图5-8所示，图5-8（a）是内容损失，图5-8（b）是感知损失，图5-8（c）是对抗损失，图5-8（d）是总损失。

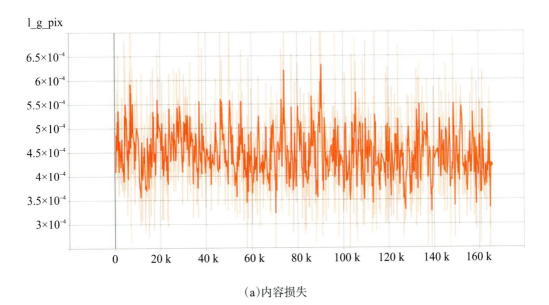

（a）内容损失

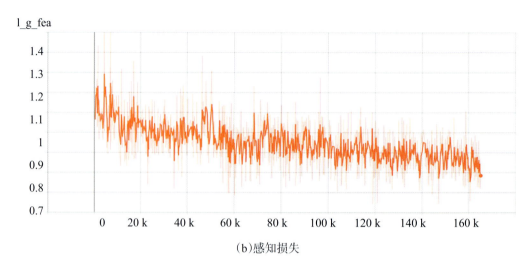

（b）感知损失

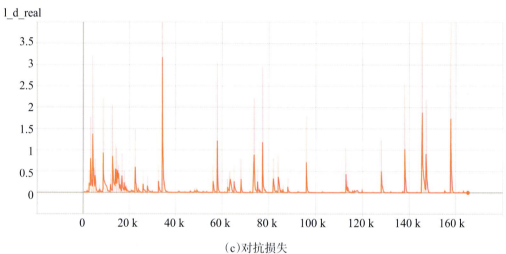

（c）对抗损失

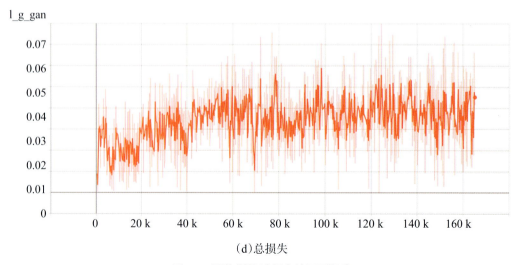

（d）总损失

图5-8　网络训练过程中的不同损失

从图5-8可以看到，内容损失稳定为$4 \times 10^{-4} \sim 5.5 \times 10^{-4}$，这表明生成图像的像素点充分逼近真实图像之间的像素点，没有过多的像素误差；感知损失在$0.8 \sim 1.2$内稳定下降，最终稳定在0.9附近，表明生成图像的特征提取后与真实图像的特征提取后的误差较小，证明该生成模型能够较好地提取图像特征；对抗网络稳定在$0 \sim 0.5$范围内，判别器损失周期性从较高的损失出发然后下降，是因为生成器训练时判别器锁定，导致判别器的能力下降；然后生成器锁定，判别器训练不断优化使得损失下降，表明判别器在不断优化最终训练成熟，能够较好地判断是否为生成图像或真实图像；生成器总损失稳定为$0.03 \sim 0.04$，表明生成器训练较成熟，可以较好地将低分辨率图像重建后生成对应的高分辨率图像。

2. 壁画重建效果及分析

为了验证算法重建古代壁画的效果，从重建好的放大4倍的高分辨率壁画图像中随机选取4张与对应的低分辨率壁画图像进行对比观察，如图5-9所示。

（a）　　　　　　　　　　　（b）

（c）　　　　　　　　　　　（d）

图5-9　不同风格的壁画重建效果图

从图5-9中可以看出，各幅低分辨率古代壁画图像经过本章算法重建后，纹理细节恢复的效果较为理想。这是因为使用较深的网络提取高频的特征，并且使用预训练好的VGG网络在激活前而不是在激活后提取特征信息。观察低分辨率图像，其中，保留了较多细节的低分辨率图像重建后较为清晰，在亮度、对比度等方面都有较好的一致性；另外，从细节较少的低分辨率图像重建后可以看出，图像恢复得较为完整，细节方面也不逊色于其他重建后的壁画图像。重建后的图像的PSNR和SSIM值见表5-2所列，从表5-2的结果也可以看出，重建后的壁画也得到了良好的PSNR、SSIM值。从以上几方面证明了本章算法有较好的稳定性。

表5-2　PSNR和SSIM值比较

图像	a	b	c	d
PSNR	28.71	32.03	30.04	32.11
SSIM	0.876	0.782	0.851	0.768

3. 对比实验及分析

为了保证实验的对比效果，选取了6种不同风格类型的壁画图像各一张作为代表进行对比，如图5-10所示：图5-10（a）为永乐宫壁画、图5-10（b）为清代百工图、图5-10（c）为备茶图、图5-10（d）为宝宁寺水陆图、图5-10（e）为风景图，以及图5-10（f）为明代生活图。使用现有的BI算法、SRGAN算法和ESRGAN算法进行了对比实验。为了更清晰地观察到对比效果，在6幅壁画图片分别选取了局部重建放大的细节，如图5-11所示。

(a)永乐宫　　　　　　　(b)清代百工图　　　　　　　(c)备茶图

(d)宝宁寺水陆图　　　　　(e)风景图　　　　　　　(f)明代生活图

图5-10　不同风格的壁画图

　　　(a)BI　　　　　(b)SRGAN　　　　(c)ESRGAN　　　(d)SESRGAN　　　　(e)HR

图5-11　不同算法下重建的壁画图

　　从图5-11中可以看出，在永乐宫壁画图和清代百工图中，各个算法恢复细节较好，但是在亮度方面，BI和SRGAN不如ESRGAN和本章算法SESRGAN；在备茶图中，观察壁画人像的脸部，SESRGAN算法重建的图像较平滑，并且噪声信息去除相比其他算法的效果较好；在宝宁寺水陆图中，观察壁画人像下面的配饰可看出，其他算法的纹理细节部分缺失，本章算法保留了较多的纹理细节；在风景图和明代生活图中，由于BI算法未考虑到整个图像的特征信息，导致缺少高频细节。SRGAN算法采用相对比较浅的网络提取的特征信息不足，所以细节纹理相比ESRGAN算法和本章算法较差，ESRGAN的恢复效果较好，但是其引入了一些不愉快的噪声。综上所述，SESRGAN算法的重建效果在细节方面均优于其他算法，BI算法在各种风格的壁画图像中的亮度和细节恢复方面都不如其他算法，SRGAN算法恢复了部分高频信息，由于这两种算法采用的网络层数较少，所以没有学习到一些高频的细节，边缘的锐化严重。ESRGAN算法恢复细节整体效果比前两种算法的效果好，但是增加了较多不愉快的伪影和噪声信息。相比之下，本实验重建后的效果在纹理细节、整体亮度和清晰度方面都有了一定程度的提高。

50名评估人员对图5-11中不同风格古代壁画的重建效果的主观打分如图5-12所示。在通过评估人员的评估和讨论后，一致认为本章算法的整体感官性相比较其他算法更加符合人类的视觉感受，在亮度和图像平滑度方面也有较好的效果。在局部纹理细节方面，评估人员认为该算法的重建效果较为理想，在低分辨率图像中恢复了较多准确的细节，通过比较，该算法在整体感观性和局部细节纹理上的评分也都优于其他算法，因此，本章提出的该算法在主观打分方面也有较好的说服性。

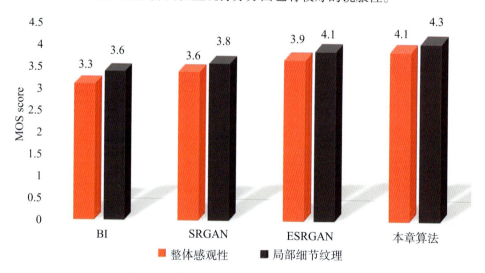

图5-12　图5-11中重建后壁画的主观评分图

表5-3给出了不同算法在6种不同类型的局部壁画图像上的PSNR值，为了更清晰地展现各个算法的PSNR值的对比结果，做出不同算法下的PSNR值柱状图，如图5-13所示。表5-4给出了不同算法在6种不同类型的局部壁画图像上的SSIM值，为了更清晰地展现各个算法的SSIM值的对比结果，做出不同算法下的SSIM值柱状图，如图5-14所示。

表5-3　不同算法下各种风格的壁画PSNR值对比表

图像	BI	SRGAN	ESRGAN	本章算法
a	30.58	31.24	32.06	32.53
b	28.01	28.39	28.60	29.20
c	22.69	25.17	26.20	27.03
d	25.48	26.59	28.42	28.06
e	24.41	25.81	26.54	27.29
f	23.59	25.66	26.28	26.39
平均值	25.79	27.14	28.01	28.41

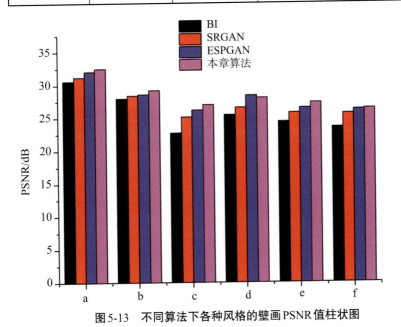

图5-13　不同算法下各种风格的壁画PSNR值柱状图

表5-4　不同算法下各种风格的壁画SSIM值对比表

图像	BI	SRGAN	ESRGAN	本章算法
a	0.827	0.843	0.852	0.859
b	0.792	0.806	0.809	0.824
c	0.741	0.749	0.751	0.776
d	0.739	0.743	0.748	0.764
e	0.764	0.767	0.774	0.786
f	0.731	0.734	0.738	0.743
平均值	0.765	0.773	0.779	0.792

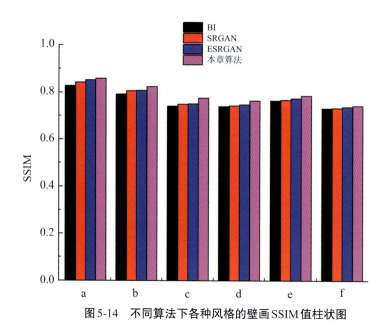

图5-14   不同算法下各种风格的壁画SSIM值柱状图

可以看出，SESRGAN算法在PSNR和SSIM指标中与其他算法比较均有了一定程度的提高，PSNR值平均提高了0.4～1.37 dB，SSIM值平均提高了0.013～0.27。BI算法缺少捕捉高频信息的能力，导致PSNR值和SSIM值较低；本章的算法由于生成网络的RDB中去除了BN层，并且采用较深的网络进行特征提取，使用VGG网络从激活前而不是激活后提取特征信息，因此相比SRGAN和ESRGAN算法而言，能够较好地捕捉高频信息，拥有较高的PSNR值和SSIM值。

表5-5给出了不同算法在30张壁画图像上的总运行时间，为了更清晰地展现各个算法的运行时间对比结果，做出不同算法下的重建时间柱状图，如图5-15所示。

表5-5   不同算法下各种风格的壁画运行时间对比

算法	BI/s	SRGAN/s	ESRGAN/s	本章算法/s
运行时间	17.957	37.256	34.534	33.588

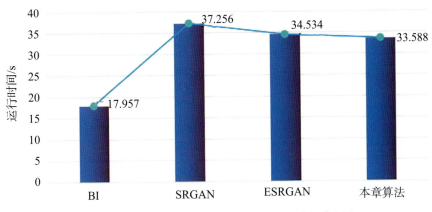

图5-15　不同算法下各种风格的壁画运行时间对比图

从表5-5和图5-15中看出，SESRGAN算法的运行时间与其他算法相比，没有过多的损失重建图像的时间，这从客观指标上也证明了本章提出的算法的有效性。由于BI算法仅仅采用插值操作，所以重建时间最短，其他算法采用大量的卷积操作，所以重建时间较长；其中，SRGAN生成网络有较多的BN层，导致重建时间较慢。综上，在没有损失过多时间的情况下，本章算法依然拥有较好的客观指标和主观评价，这也证明了本章算法在重建图像方面有较好的效果。

4. BN层和SN层对判别网络的影响分析

为了证明BN层能更好地训练网络，将含有BN层和含有SN层的判别网络分别进行训练，观察判别网的损失值和IS（Inception Score）值分别来评价两种归一化对判别网络的影响，IS值是基于一个称为Inception Net的图片分类网络，它能对输入的图片进行分类，并得出其属于某一类的概率大小，如果图片生成得足够清晰，Inception Net分类得更准确，那么也就是说，IS值也就越大；与此对应的生成器若能够生成多样的图像，那么生成的图像经过Inception Net算法分类后的各类别分布应该是均匀的。BN层和SN层的损失训练对比图如图5-16所示，选取上一节中6类不同风格的壁画作为测评指标，得到的IS值见表5-6所列。

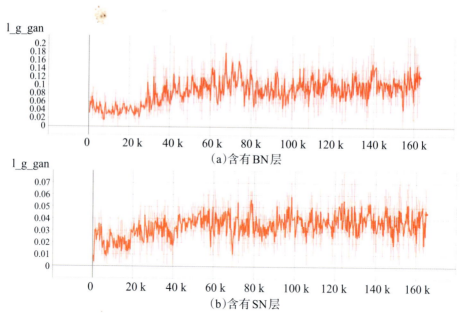

图5-16　含有BN层和含有SN层的损失对比图

表5-6　含有BN层和含有SN层的IS值对比表

	a	b	c	d	e	f
含有BN层	7.31	6.47	7.06	5.36	5.45	6.17
含有SN层	9.54	8.25	7.03	6.49	7.24	8.49

从图5-16可以看出，使用了BN层的判别网络的损失值在0.04～0.14区间内波动，而使用了SN层的判别网络在0.02～0.05区间内波动。壁画经过BN层，其色彩分布都会被归一化，会破坏图像原本的对比度信息，影响了网络输出的质量，而使用SN层则不会破坏图像原本的对比度信息，并且有助于满足Lipschitz约束，降低了训练的难度，从而使判别网络的训练更加稳定，效果更好。

从表5-6可以看出，含有BN层判别网络训练后的IS得分普遍低于含有SN层判别网络训练后的IS得分，说明含有SN层的判别网络能够帮助整个网络训练稳定，使生成网络生成的壁画更加清晰、真实。

5. 激活前特征图与激活后特征图的对比实验分析

随机选取一幅壁画对其激活前特征图和激活后特征图进行提取，如图5-17所示，从图5-17中可以看出，激活前提取到的壁画特征较清晰，而激活后提取到的特征只能模糊看到人物的外形轮廓。因为随着网络层数不断地加深，激活后的特征图的监督效果越来越弱，并且是已经稀疏化的特征，稀疏的特征会导致网络性能变差，而激活前的特征图保留了更详细的细节，因此可以带来更强的监督。

(a)壁画图像　　　　(b)激活前特征图　　　　(c)激活后特征图

图5-17　激活前与激活后特征提取对比图

为了证明激活前提取特征能为壁画提供更好的亮度，选取激活前与激活后生成的壁画作对比，如图5-18所示。观察图5-18中壁画中的窗户可以看出，激活前提取特征的窗户清晰、明亮，而激活后提取特征的窗户偏暗淡，因此使用激活前计算感知损失能够为壁画一致性提供更好的监督。

(a)激活前提取特征的壁画　　　　　　　(b)激活后提取特征的壁画

图5-18　激活前与激活后壁画对比图

虽然本章提出的算法在古代壁画数据集上取得了良好的超分辨率重建效果，但在重建壁画的过程中，也存在着重建效果不太理想的壁画图像，如图5-19所示。图5-19（a）为生成的图像，图5-19（b）为高分辨率图像HR，观察图中人物的五官、房檐纹理，它们都与高分辨率图像有着一定的差别。这主要是因为该风格壁画的数量不足，模型学习到该风格的壁画的图像特征信息较少，缺少高频的细节信息，导致模型对其重建时没有恢复较完整的壁画图像。

（a）生成的图像　　　　　　　　　（b）高分辨率图像

图 5-19　重建效果不理想的壁画示例

5.4　本章小结

本章针对古代壁画模糊不清晰、分辨率低导致观赏性不高和研究价值不足的问题，本章提出了 SESRGAN 算法对古代壁画进行重建，以生成对抗网络框架，在生成网络使用 RS-RDB 进行深层特征的提取，有利于获取更多的特征信息，然后引入 WANG-GP 理论改进对抗损失，采用 wasserstein 距离计算重建图像与真实图像之间的距离，对判别网络做出梯度惩罚，增强网络训练的稳定性。使用激活前的特征计算感知损失，有助于恢复更多的纹理细节和获得更令人愉悦的亮度，采用二次迁移的训练方法训练模型，最终得到一个稳定增强的壁画重建模型。与其他相关的超分辨率算法相比，本章提出算法的 PSNR 值提高了 0.4～2.62 dB，SSIM 值提高了 0.013～0.027。在主观评价方面，该算法整体感官性的 MOS 值为 4.1，局部细节纹理的 MOS 值为 4.3，相较于其他算法拥有更高的评分值。该模型在整体壁画和局部区域壁画都拥有较好的重建效果，重建后高分辨率的壁画清晰、亮度较好，保留了丰富的纹理细节，并且壁画的观赏性和研究价值有了一定程度的提高，也进一步阻止了古代壁画的流失。本章实验的不足之处在于只在壁画放大 4 倍下的情况下进行超分辨率重建，没有在多尺度下进行壁画的超分辨率重建工作，未将全局特征信息和局部特征信息充分利用，部分重建后的纹理细节恢复得不完整，并且模型训练周期长。下一步的主要工作有如下几项：（1）收集更多不同风格的壁画数据集以适应生成网络的深度，增加模型的泛化性和稳定性；（2）对壁画进行多尺度的超分辨率重建工作，展示出不同尺度下壁画的艺术性和研究价值；（3）精简网络结构以减少训练的时间，并将全局特征与局部特征融合训练以获取更多的细节纹理特征，恢复出质量高的壁画。

第六章
壁画数据库集群设计与实现

　　数据库集群是指利用两台及两台以上的数据库服务器组成一个虚拟单一的数据库逻辑镜像，像单机数据库那样，为用户提供透明的数据服务。集群内的各个数据库服务器（也称为节点）通过高速网络互连，从而形成一种并行的分布式数据库系统。集群的目的是实现系统的容灾性和提高系统的可用性，并在投入相对较低的情况下，根据集群内各节点的负载情况实现任务实时调度，使得各节点充分发挥作用，从而达到系统整体性能最大化的目的。目前，流行的数据集群主要分为两类：一类是基于数据库的引擎，如 Oracle RAC、Microsoft MSCS、IBM DB2 ICE、MySQL Cluster 等；另一类是基于中间件的数据库集群，如 ICX-UDS、Continuent Cluster 等。MySQL 以其开源、良好性能、轻量级等特点受到了越来越多的企业的青睐。本书设计的壁画数据库集群基于 MySQL 集群，本章将介绍通过 MySQL 集群实现古代壁画数据库集群的一些原理和关键技术。

6.1 MySQL 集群

6.1.1 MySQL 集群简介

MySQL 集群是通过高速网络将两台或多台低性能数据库服务器按一定逻辑互连组成的分布式数据库系统。集群中的各数据节点扮演不同的角色，按照集群的架构方式，可分为异步集群（MySQL Replication）和同步集群（MySQLCluster）。MySQL Replication 实现将一个 MySQL 实例中的数据复制到另一个 MySQL 实例中，整个过程异步进行。MySQL Cluster 是一种允许在无共享架构（Share Nothing Architecture）的系统中应用内存数据库的分布式数据库集群技术，数据的复制同步进行。二者对比见表 6-1 所列。

表6-1 MySQL Replication 与 MySQL Cluster 对比

指标	MySQL Replicaion	MySQL Cluster
数据存储	异步存储	同步存储
速度	一般	较快
扩展性	差	较好
冗余性	一般	较好
可用性	一般	较高
是否实现负载均衡	否	是
配置管理	较差	方便

6.1.2 MySQL Cluster 的特点

MySQL Cluster 经过不断地优化升级，目前发布的最新稳定版本为 MySQL Cluster 7.6。该版本具有以下几方面的特性。

1. 高可用性

（1）同步复制：每个数据节点的数据可以同步复制到其他数据节点。

（2）自动故障转移：集群通过心跳机制实时检测故障节点，通常在1S内完成自动故障转移，不会中断对客户端的服务。

（3）自我修复：故障节点可以通过自动重启完成自我修复，且在加入集群前能够完成与其他节点的数据同步，对客户端来说，完全透明。

（4）非共享、分布式架构，不存在单点故障：每个节点都有自己的内存和磁盘。

（5）数据跨地域复制：数据会被镜像到远程数据中心，本地发送灾情时，可以快速从远程数据中心恢复。

2. 高性能

（1）内存实时数据库：采用内存优化表，集群可提供实时响应及高吞吐量，满足电信与企业级最苛刻的要求。

（2）自动分片：集群可实现跨节点自动分割表，使数据库能够在低成本的商用硬件上水平扩展，以便为读写密集型工作负载提供服务。

（3）并行分布式查询引擎：集群提供了整个分布式分区数据集的一致性事务视图，使得分布式应用程序的设计更简单，开发人员可以专注于业务逻辑，而无须考虑数据的分发。

（4）数据位置感知：集群在其APIs中建了数据位置感知，不需要名称及数据管理节点，就可以正确高效地查找到最近的数据集副本。

3. 易用性

（1）在线扩展：集群允许在线添加节点，并实时更新数据库模式。

（2）自动安装：可视化界面配置、安装集群，并根据工作负载和环境自动调整。

（3）便捷的管理与监控：MySQL Cluster Manager可以自动完成常规任务的管理，MySQL Enterprise Monitor可实时监控集群、及时发出警报。

6.1.3　MySQL Cluster的体系结构

MySQL Cluster将NDB（Network Database）存储引擎与标准的MySQL服务器集成在一起，所以也被称为NDB Cluster。集群由一组被称为宿主机的计算机组成，每台宿主机上运行一个或多个提供不同服务的专用守护进程，在集群中，这些进程也被称为节点。在MySQL Cluster中，主要包括了3类节点：管理节点（ndb_mgmd进程）、数据节点

（ndbd进程）、SQL节点（mysqld或mysqlmtd进程）。各节点之间的关系如图6-1所示。

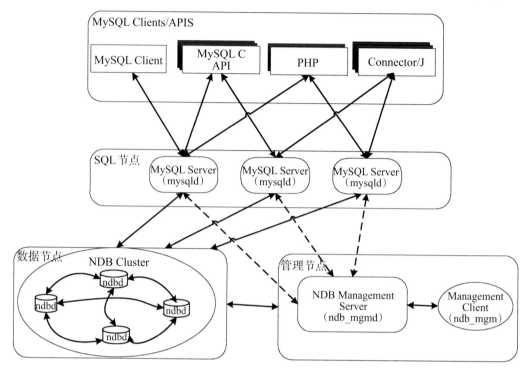

图6-1　MySQL Cluster体系架构图

从该架构图可以清晰看到MySQL Cluster中各节点的功能及对应的守护进程，集群中所有的数据都保存在数据节点NDB服务器的存储引擎中，而表结构保存在SQL节点MySQL服务器上。MySQL客户端或其他API接口，通过SQL节点来访问集群中的数据，系统管理员通过管理客户端来管理集群中的数据节点，MySQL Cluster为访问它的用户提供了方便高效的数据管理方式。集群中各节点所对应的功能如下。

（1）管理节点：它被视为集群的"大脑"，主要负责管理与记录集群内的其他节点的运行状态，并保存整个集群环境的详细配置及日志信息。管理节点可以对其他节点进行启动、停止及运行备份等操作，同时将获取到的各节点信息反馈给集群中所有节点。

（2）数据节点：数据节点是整个集群中最为关键的节点，它负责整个集群数据的存储及数据节点间数据的同步复制，防止单个或多个节点故障而导致整个MySQL Cluster瘫痪。数据节点的个数与集群配置的副本数目相关，通常为副本个数的整数倍，每个数据节点保存完整数据的一个分片。

（3）SQL节点：这类型节点用于数据节点存取数据，提供统一的标准SQL接口，除其创建的数据库表必须使用NDB引擎，其他跟普通的MySQL Server没有区别，数据的存储对应用程序和开发人员完全透明。除此之外，客户端应用也可通过数据节点提供的NDB API直接访问数据存储层。

6.1.4　NDB存储引擎

在MySQL5.0及以上版本，官方提供了NDB存储引擎，它是一种高冗余的数据库存储引擎，将多台设备联合起来向外界提供服务。这样一方面提高了系统的整体性能，另一方面增加了系统的安全性。NDB的整体架构如图6-2所示。

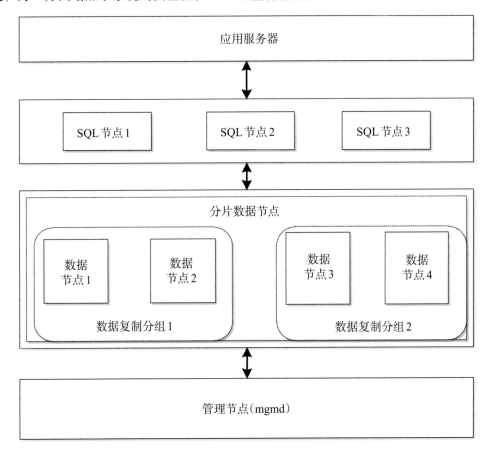

图6-2　NDB的整体架构

从NDB架构图可以看出，NDB引擎将数据进行了分片，分别存在集群中的数据节点上，并将各个数据分片做了冗余。NDB Cluster中数据分片的个数默认等于数据节点的个数，每个数据节点上保存一个完整的数据分片。以4个数据节点、两份副本的MySQL Cluster为例，图6-3展示了各数据分片及其备份分片在数据节点上的存储情况。MySQL Cluster存储的数据表被分成4个数据片（Partition，也称作分区），编号分别为P1到P4。每一分片的数据的主副本和备份副本交叉存储在同一节点组内的两个数据节点上，如数据片P1的主副本F1存在数据节点1上，备份副本F1存在同一节点组的数据节点2上。这样的存储方式可以保证MySQL Cluster的高可用性，即只要每个节点组中的一个数据节点正常运行，集群就拥有全部数据的完整副本，从而提供数据访问服务。

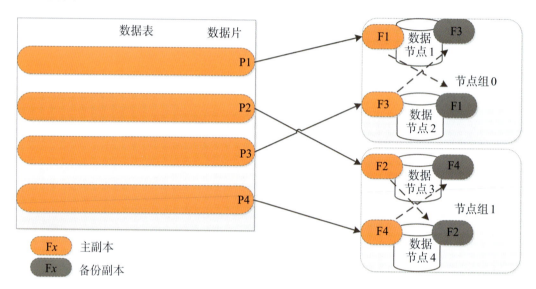

图6-3　数据分片在数据节点中的分布

6.2　负载均衡及相关技术

6.2.1　负载均衡简介

负载均衡（Load Balance）是集群环境中重要的技术支撑点，它将负载按照提前设定好的策略分配到多个处理单元（进程、计算机或者集群）上，进而避免单个节点过载而其他节点空闲，减少响应时间，使得集群中更多的处理单元能够协同工作以提高服务的吞吐，提高整体资源的利用率。通常情况下，负责负载均衡的节点都会配置冗余节点以提高系统的可靠性。目前负载均衡的实现主要通过软件、硬件两种方式实现，软件方式包括Nginx、LVS、DNS服务等，硬件如多层交换机。两种实现方式的对比见表6-2所列，本章采用软件的方式实现负载均衡。

表6-2　软硬件负载均衡比较

特点	软件负载均衡	硬件负载均衡
优点	(1)基于特定环境,配置简单; (2)使用灵活,成本低廉,可以满足一般的负载均衡需求	(1)由专门的设备实现,整体性能得到大幅提高; (2)硬件本身可以实现多样化的负载均衡策略和智能化的流量管理
缺点	(1)软件本身消耗系统资源; (2)软件可扩展性并不是很好; (3)软件本身会造成安全问题	成本昂贵,需要专门人员进行管理

6.2.2　负载均衡策略

负载均衡策略是根据集群的运行状态按照一定的规则动态分配负载的算法。比较经典的算法有以下几种。

1. 随机

此算法随机在集群中选择一个SQL节点来处理当前请求,实现方法较简单。首先生成一个随机数,然后将其映射到相应的节点,并把请求转发到此节点。

2. 轮询

算法假设每个请求的耗时、资源消耗及各节点的硬件配置是相同的,按顺序将新的请求分配给下一个节点,从而实现请求的平均分配。然而,在系统实际运行环境中,每个请求耗时及资源消耗不会是均等的,因此轮询算法可能出现负载不均,甚至可能出现部分节点崩溃。

3. 动态轮询

这是一个动态负载均衡算法,通过对节点的各项性能参数(如CPU、内存、响应时间等)的持续监控,为不同节点动态生成权重值,然后依据权重给予不同比例的负载,有效避免了个别节点过载、过闲的问题。

4. 观察算法

该算法根据节点的连接数和响应速度计算综合权重,然后依据权重给予不同比例的负载量。

5. 一致性哈希算法

该算法有效解决了经典哈希算法中,当节点数量变动时数据的重分布问题,它通过引入虚拟节点，在集群节点数量变化的情况下，仍能保持负载均匀分配。此算法是目前负载均衡策略中应用最为广泛的一种算法。

除此之外，在这些算法的基础上，针对不同的应用场景，还衍生出一系列的负载均衡算法来解决负载不均问题。

6.2.3　Nginx 与 Keepalived

Nginx服务器是由俄罗斯计算机专家塞索耶夫（Igor Sysoev）开发的一款开源、免费、高性能的反向代理服务器（Web服务器）。Nginx的反向代理功能让需要MySQL Cluster提供数据服务的客户端通过统一的IP访问数据服务，集群对客户端应用或开发人员完全透明。Nginx工作在网络体系第7层（应用层），可以针对Web应用做分流策略；它对网络的依赖较小，理论上只有ping通才可做负载均衡。Nginx通过对请求做异步处理来减轻节点服务器的负载压力，同时可以对节点服务器进行健康检查。除此之外，Nginx也可以稳定承担较高的负载压力，为C10K问题提供了解决思路。Nginx以其高稳定性、配置简单、高并发访问及资源消耗较低赢得了广泛的国内外市场的青睐。

Keepalived是基于VRRP协议的一款高可用开源软件。VRRP是Virtual Router Redundancy Protocol（虚拟路由冗余协议）的缩写，VRRP的出现解决了静态路由的单点故障问题，它能保证当个别节点宕机时，整个网络可以不间断地运行。所以，keepalived一方面具有配置管理Nginx的功能，同时还具有对Nginx下面节点进行健康检查的功能，另一方面也可以实现系统网络服务的高可用功能。keepalived的工作流程如下，在keepalived服务工作时，主节点会不断地向备节点发送（多播的方式）心跳消息，告知备节点自己还活着。当主节点发生故障时，就无法发送心跳的消息了，备节点也因此无法继续检测到来自主节点的心跳。于是备节点就会调用自身的接管程序，接管主节点的IP资源和服务。当主节点恢复时，备节点又会释放主节点故障时自身接管的IP资源和服务，恢复到原来的备用角色。

本章采用Nginx来实现MySQL Cluster中SQL节点的负载均衡，同时加入Keepalived以解决Nginx反向代理服务器中的单点故障问题，实现了整个集群的高可用性。

6.3 壁画数据库集群设计与实现

6.3.1 集群的设计

在进行壁画修复的过程中，需要先进行壁画的分割，进行脱落区域的标定。在壁画修复的过程中，每次都需要读取上次修复后的结果，因此在修复的过程中存在大量并发的读写操作。故本节设计了2个管理节点、4个数据节点、3个客户节点。各节点的IP分配见表6-3所列。

表6-3　集群中各节点的IP分配

节点名称	节点IP	节点角色
MGM_1	192.168.2.200	管理节点
MGM_2	192.168.2.201	管理节点
NDB1	192.168.2.210	数据节点
NDB2	192.168.2.211	数据节点
NDB3	192.168.2.212	数据节点
NDB4	192.168.2.213	数据节点
SQL1	192.168.2.220	SQL节点
SQL2	192.168.2.221	SQL节点
SQL3	192.168.2.222	SQL节点

6.3.2 集群的搭建

集群中的各类节点都依托于CentOS7系统，由于在壁画数据管理系统中的数据库表中使用了外键约束，而MySQL集群自7.3版本起才支持外键，故本节采用最新的基于MySQL5.7的mysql-cluster-gpl-7.6.8版本搭建壁画数据库集群。各类节点的安装配置如下。

1. SQL节点安装与配置

SQL节点即普通的MySQL数据库节点。SQL节点的安装与MySQL数据库节点的安装相同，不再赘述。SQL 节点在配置时，需要明确指出存储引擎及集群管理节点的 IP 地址。SQL 节点配置信息如图 6-4 所示，所有客户节点执行相同操作进行安装与配置。

```
[root@localhost ~]# cat /etc/my.cnf
[mysqld]
basedir=/usr/local/mysql
datadir=/usr/local/mysql/data
ndbcluster

[mysql_cluster]
ndb-connectstring=192.168.2.200,192.168.2.201
[root@localhost ~]#
```

图 6-4　SQL 节点的配置

2. 数据节点的安装与配置

数据节点的安装只需将安装包中的 ndbd 或 ndbtd 服务程序复制到指定目录即可，安装步骤如下：

（1）解压二进制包到 /usr/local/mysql；

（2）/usr/local 下创建目录 mysql-cluster，其下创建目录 data；

（3）复制 ./mysql/bin/ndbd 和 ndbmtd 到 /usr/local/mysql-cluster 下；

（4）赋 ndbd、ndbmtd 可执行权限：

①chmod + x ndbd；

②chmod + x ndbmtd。

（5）删除二进制包解压目录 mysql。

数据节点安装完成后，配置数据节点，配置内容如图 6-5 所示，所有数据节点执行相同操作。

```
[root@localhost ~]# cat /etc/my.cnf
[mysqld]
datadir=/usr/local/mysql-cluster/data
ndbcluster

[mysql_cluster]
ndb-connectstring=192.168.2.200,192.168.2.201
[root@localhost ~]#
```

图 6-5　数据节点的配置

3. 管理节点的安装与配置

管理节点的安装步骤如下：

（1）解压二进制包到 /usr/local/mysql；

（2）/usr/local 下创建目录 mysql-cluster，其下创建目录 data、config；

（3）复制./mysql/bin/ndb_mgmd 和 ndb_mgm 到/usr/local/mysql-cluster 下；

（4）赋 ndb_mgmd、ndb_mgm 可执行权限：

①chmod + x ndb_mgmd；

②chmod + x ndb_mgm。

（5）删除二进制包解压目录 mysql。

管理节点是整个集群的"大脑"，其配置相对较多，配置内容如图 6-6 所示，各管理节点执行相同的操作。

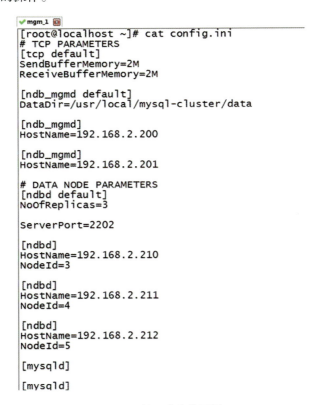

```
✔ mgm_1 ☒
[root@localhost ~]# cat config.ini
# TCP PARAMETERS
[tcp default]
SendBufferMemory=2M
ReceiveBufferMemory=2M

[ndb_mgmd default]
DataDir=/usr/local/mysql-cluster/data

[ndb_mgmd]
HostName=192.168.2.200

[ndb_mgmd]
HostName=192.168.2.201

# DATA NODE PARAMETERS
[ndbd default]
NoOfReplicas=3

ServerPort=2202

[ndbd]
HostName=192.168.2.210
NodeId=3

[ndbd]
HostName=192.168.2.211
NodeId=4

[ndbd]
HostName=192.168.2.212
NodeId=5

[mysqld]

[mysqld]
```

图 6-6　管理节点的配置

4. 集群的启动与停止

集群的启动顺序及命令如下：

（1）mgmd[mgmNode]：./ndb_mgmd [-- initial] - f /usr/local/mysql- cluster/config/config.ini ---configdir=/usr/local/mysql-cluster/config-cache；

（2）ndbd[dataNode]：./ndbd [--initial]；

（3）mysqld[sqlNode]：./support-files/mysql.server start。

管理节点和数据节点在首次启动时，添加 initial 参数。集群的停止顺序及命令如下：

（1）mysqld[sqlNode]：./support-files/mysql.server stop；

（2）ndbd 和 ndb_mgmd：./ndb_mgm-e shutdown。

6.4　壁画数据库集群测试

6.4.1　数据一致性

集群数据一致性主要是指在任一 SQL 节点插入数据或更新数据时，其他的 SQL 节点都能够实时查询到插入或更新后的数据。本节通过在 SQL1 节点插入数据，在 SQL2 节点上查看数据是否同步来验证数据的一致性。测试结果如图 6-7 所示。

```
data_1  data_2  data_3  mgm_1  mgm_2  sql_1  sql_2
[root@localhost mysql]# ./bin/mysql -uroot -p
Enter password:
Welcome to the MySQL monitor.  Commands end with ; or \g.
Your MySQL connection id is 5
Server version: 5.7.24-ndb-7.6.8-cluster-gpl MySQL Cluster Community Server (GPL)

Copyright (c) 2000, 2018, Oracle and/or its affiliates. All rights reserved.

Oracle is a registered trademark of Oracle Corporation and/or its
affiliates. Other names may be trademarks of their respective
owners.

Type 'help;' or '\h' for help. Type '\c' to clear the current input statement.

mysql> use test;
Reading table information for completion of table and column names
You can turn off this feature to get a quicker startup with -A

Database changed
mysql> insert into user values(null,"test999");
Query OK, 1 row affected (0.01 sec)
```

```
data_1  data_2  data_3  mgm_1  mgm_2  sql_1  sql_2
[root@localhost mysql]# ./bin/mysql -uroot -p
Enter password:
Welcome to the MySQL monitor.  Commands end with ; or \g.
Your MySQL connection id is 5
Server version: 5.7.24-ndb-7.6.8-cluster-gpl MySQL Cluster Community Server (GPL)

Copyright (c) 2000, 2018, Oracle and/or its affiliates. All rights reserved.

Oracle is a registered trademark of Oracle Corporation and/or its
affiliates. Other names may be trademarks of their respective
owners.

Type 'help;' or '\h' for help. Type '\c' to clear the current input statement.

mysql> use test;
Reading table information for completion of table and column names
You can turn off this feature to get a quicker startup with -A

Database changed
mysql> select * from user;
+----+---------+
| id | name    |
+----+---------+
|  1 | hello   |
|  2 | test999 |
+----+---------+
2 rows in set (0.00 sec)
```

图 6-7　数据一致性测试

从测试结果可看出，在 SQL1 节点插入一条数据到 user 表中后，立即在 SQL2 节点上查询，即可查询到刚刚插入的数据，从而证明了集群的数据一致性符合要求。

6.4.2　高可用性

集群的高可用性主要是指不存在单点故障，可以不间断地提供数据服务，故本节依次测试了3类节点发生故障时，是否可以提供数据的服务。各类节点的测试结果如图6-8至图6-10所示。

```
✔ mgm_1 ❌ | ✔ mgm_2 | ✔ data_1 | ✔ data_2 | ✔ data_3 | ✔ sql_1 | ✔ sql_2
-- NDB Cluster -- Management Client --
ndb_mgm> show
Connected to Management Server at: localhost:1186
Cluster Configuration
---------------------
[ndbd(NDB)]     3 node(s)
id=3    @192.168.2.210  (mysql-5.7.24 ndb-7.6.8, Nodegroup: 0, *)
id=4    @192.168.2.211  (mysql-5.7.24 ndb-7.6.8, Nodegroup: 0)
id=5    @192.168.2.212  (mysql-5.7.24 ndb-7.6.8, Nodegroup: 0)

[ndb_mgmd(MGM)] 2 node(s)
id=1    @192.168.2.200  (mysql-5.7.24 ndb-7.6.8)
id=2    @192.168.2.201  (mysql-5.7.24 ndb-7.6.8)

[mysqld(API)]   3 node(s)
id=6    @192.168.2.220  (mysql-5.7.24 ndb-7.6.8)
id=7    @192.168.2.221  (mysql-5.7.24 ndb-7.6.8)
id=8 (not connected, accepting connect from any host)

ndb_mgm> show
Cluster Configuration
---------------------
[ndbd(NDB)]     3 node(s)
id=3    @192.168.2.210  (mysql-5.7.24 ndb-7.6.8, Nodegroup: 0, *)
id=4    @192.168.2.211  (mysql-5.7.24 ndb-7.6.8, Nodegroup: 0)
id=5    @192.168.2.212  (mysql-5.7.24 ndb-7.6.8, Nodegroup: 0)

[ndb_mgmd(MGM)] 2 node(s)
id=1    @192.168.2.200  (mysql-5.7.24 ndb-7.6.8)
id=2 (not connected, accepting connect from 192.168.2.201)

[mysqld(API)]   3 node(s)
id=6    @192.168.2.220  (mysql-5.7.24 ndb-7.6.8)
id=7    @192.168.2.221  (mysql-5.7.24 ndb-7.6.8)
id=8 (not connected, accepting connect from any host)
```

```
✔ data_1 | ✔ data_2 | ✔ data_3 | ✔ mgm_1 | ✔ mgm_2 | ✔ sql_1 | ✔ sql_2 ❌
[root@localhost mysql]# ./bin/mysql -uroot -p
Enter password:
Welcome to the MySQL monitor.  Commands end with ; or \g.
Your MySQL connection id is 6
Server version: 5.7.24-ndb-7.6.8-cluster-gpl MySQL Cluster Community Server (GPL)

Copyright (c) 2000, 2018, Oracle and/or its affiliates. All rights reserved.

Oracle is a registered trademark of Oracle Corporation and/or its
affiliates. Other names may be trademarks of their respective
owners.

Type 'help;' or '\h' for help. Type '\c' to clear the current input statement.

mysql> select * from test.user;
+----+---------+
| id | name    |
+----+---------+
|  2 | test999 |
|  1 | hello   |
+----+---------+
2 rows in set (0.01 sec)
```

图6-8　管理节点故障时的测试结果

```
✓ mgm_1 ✗ | ✓ mgm_2 | ✓ data_1 | ✓ data_2 | ✓ data_3 | ✓ sql_1 | ✓ sql_2

ndb_mgm> show
Connected to Management Server at: localhost:1186
Cluster Configuration
---------------------
[ndbd(NDB)]     3 node(s)
id=3    @192.168.2.210  (mysql-5.7.24 ndb-7.6.8, Nodegroup: 0, *)
id=4    @192.168.2.211  (mysql-5.7.24 ndb-7.6.8, starting, Nodegroup: 0)
id=5    @192.168.2.212  (mysql-5.7.24 ndb-7.6.8, Nodegroup: 0)

[ndb_mgmd(MGM)] 2 node(s)
id=1    @192.168.2.200  (mysql-5.7.24 ndb-7.6.8)
id=2    @192.168.2.201  (mysql-5.7.24 ndb-7.6.8)

[mysqld(API)]   3 node(s)
id=6    @192.168.2.220  (mysql-5.7.24 ndb-7.6.8)
id=7    @192.168.2.221  (mysql-5.7.24 ndb-7.6.8)
id=8 (not connected, accepting connect from any host)

ndb_mgm> Node 4: Started (version 7.6.8)
Node 4: Node shutdown completed. Initiated by signal 15.

ndb_mgm> show
Cluster Configuration
---------------------
[ndbd(NDB)]     3 node(s)
id=3    @192.168.2.210  (mysql-5.7.24 ndb-7.6.8, Nodegroup: 0, *)
id=4 (not connected, accepting connect from 192.168.2.211)
id=5    @192.168.2.212  (mysql-5.7.24 ndb-7.6.8, Nodegroup: 0)

[ndb_mgmd(MGM)] 2 node(s)
id=1    @192.168.2.200  (mysql-5.7.24 ndb-7.6.8)
id=2    @192.168.2.201  (mysql-5.7.24 ndb-7.6.8)

[mysqld(API)]   3 node(s)
id=6    @192.168.2.220  (mysql-5.7.24 ndb-7.6.8)
id=7    @192.168.2.221  (mysql-5.7.24 ndb-7.6.8)
id=8 (not connected, accepting connect from any host)
```

```
✓ data_1 | ✓ data_2 | ✓ data_3 | ✓ mgm_1 | ✓ mgm_2 | ✓ sql_1 ✗ | ✓ sql_2

[root@localhost mysql]# ./bin/mysql -uroot -p
Enter password:
Welcome to the MySQL monitor.  Commands end with ; or \g.
Your MySQL connection id is 7
Server version: 5.7.24-ndb-7.6.8-cluster-gpl MySQL Cluster Community Server (GPL)

Copyright (c) 2000, 2018, Oracle and/or its affiliates. All rights reserved.

Oracle is a registered trademark of Oracle Corporation and/or its
affiliates. Other names may be trademarks of their respective
owners.

Type 'help;' or '\h' for help. Type '\c' to clear the current input statement.

mysql> select * from test.user;
+----+---------+
| id | name    |
+----+---------+
|  1 | hello   |
|  2 | test999 |
+----+---------+
2 rows in set (0.01 sec)
```

图6-9　数据节点故障时的测试结果

```
✔mgm_1 ✖  ✔mgm_2  ✔data_1  ✔data_2  ✔data_3  ⚠sql_1  ✔sql_2

ndb_mgm> show
Cluster Configuration
--------------------
[ndbd(NDB)]     3 node(s)
id=3    @192.168.2.210  (mysql-5.7.24 ndb-7.6.8, Nodegroup: 0, *)
id=4 (not connected, accepting connect from 192.168.2.211)
id=5    @192.168.2.212  (mysql-5.7.24 ndb-7.6.8, Nodegroup: 0)

[ndb_mgmd(MGM)] 2 node(s)
id=1    @192.168.2.200  (mysql-5.7.24 ndb-7.6.8)
id=2    @192.168.2.201  (mysql-5.7.24 ndb-7.6.8)

[mysqld(API)]   3 node(s)
id=6    @192.168.2.220  (mysql-5.7.24 ndb-7.6.8)
id=7    @192.168.2.221  (mysql-5.7.24 ndb-7.6.8)
id=8 (not connected, accepting connect from any host)

ndb_mgm> show
Cluster Configuration
--------------------
[ndbd(NDB)]     3 node(s)
id=3    @192.168.2.210  (mysql-5.7.24 ndb-7.6.8, Nodegroup: 0, *)
id=4    @192.168.2.211  (mysql-5.7.24 ndb-7.6.8, starting, Nodegroup: 0)
id=5    @192.168.2.212  (mysql-5.7.24 ndb-7.6.8, Nodegroup: 0)

[ndb_mgmd(MGM)] 2 node(s)
id=1    @192.168.2.200  (mysql-5.7.24 ndb-7.6.8)
id=2    @192.168.2.201  (mysql-5.7.24 ndb-7.6.8)

[mysqld(API)]   3 node(s)
id=6 (not connected, accepting connect from any host)
id=7    @192.168.2.221  (mysql-5.7.24 ndb-7.6.8)
id=8 (not connected, accepting connect from any host)
```

```
✔data_1  ✔data_2  ✔data_3  ✔mgm_1  ✔mgm_2  ✔sql_1  ✔sql_2 ✖

[root@localhost mysql]# ./bin/mysql -uroot -p
Enter password:
Welcome to the MySQL monitor.  Commands end with ; or \g.
Your MySQL connection id is 7
Server version: 5.7.24-ndb-7.6.8-cluster-gpl MySQL Cluster Community Server (GPL)

Copyright (c) 2000, 2018, Oracle and/or its affiliates. All rights reserved.

Oracle is a registered trademark of Oracle Corporation and/or its
affiliates. Other names may be trademarks of their respective
owners.

Type 'help;' or '\h' for help. Type '\c' to clear the current input statement.

mysql> select * from test.user;
+----+---------+
| id | name    |
+----+---------+
|  2 | test999 |
|  1 | hello   |
+----+---------+
2 rows in set (0.01 sec)
```

图6-10　SQL节点故障时的测试结果

从上述的测试结果可以看出，无论集群中的哪类节点发生故障，都不会影响集群的数据服务，从而说明了壁画数据库集群的高可用性。

6.4.3 高并发性

本节使用MySQL自带的压力测试工具mysqlslap进行集群的并发读写压力测试，每个mysqlslap进程模拟100个用户（100个并发线程），执行自定义存储过程，插入1000条数据，每个线程调用5次存储过程，插入500万条记录。分别测试2个和3个数据节点在并发插入数据时的响应时间，测试结果如图6-11所示。

```
[root@localhost bin]# ./mysqlslap --concurrency=100 --iterations=1 --create-schema=test --query='call test.p_test;' --number-
of-queries=500 --host 127.0.0.1 -u root -p
Enter password:
Benchmark
        Average number of seconds to run all queries: 565.268 seconds
        Minimum number of seconds to run all queries: 565.268 seconds
        Maximum number of seconds to run all queries: 565.268 seconds
        Number of clients running queries: 100
        Average number of queries per client: 5

[root@localhost bin]# ./mysqlslap --concurrency=100 --iterations=1 --create-schema=test --query='call test.p_test;' --number-
of-queries=500 --host 127.0.0.1 -u root -p
Enter password:
Benchmark
        Average number of seconds to run all queries: 415.491 seconds
        Minimum number of seconds to run all queries: 415.491 seconds
        Maximum number of seconds to run all queries: 415.491 seconds
        Number of clients running queries: 100
        Average number of queries per client: 5
```

图6-11 高并发测试结果

从测试结果可以得出，集群对高并发的支持及在增加一个数据节点后，响应时间从565S降到415S。

6.5 本章小结

本章主要介绍了壁画数据库集群用到的相关技术，从集群的可用性、高性能及易用性等方面分析了MySQL Cluster的特点、体系结构及其NDB存储引擎对数据的分片存储方式，阐述了集群中实现负载均衡的方式及一些经典负载均衡算法。接着介绍了本课题集群中实现负载均衡的方式，Nginx与keepalived组合，在实现负载均衡的同时避免了单点故障，达到了集群高可用性的要求，为古代壁画的数字化存储提供了技术支持，最后完成了壁画数据库集群的搭建及测试。

第七章
总结与展望

中国古代壁画拥有着灿烂绚丽的历史，经历了几千年改朝换代的沉淀，出现过如敦煌壁画那样至今仍然叫人拍手称赞的艺术经典。重现古代壁画作品的艺术风格成为研究者的研究重心。由于各类型的壁画绘画风格差异、壁画所处的地理环境恶劣，导致壁画分类困难并且纹理细节模糊不清，成为探索壁画价值的障碍，并且人工修复后的壁画仍然存在着被破坏的风险。不断发掘和保护壁画的艺术价值不仅是壁画研究者努力追寻的方向，也是本书研究的目标。随着计算机技术软件和硬件不断发展，找到了一条智能化保护壁画艺术价值的道路，让计算机自主"学习"，拥有智能分类和预防性保护数字化壁画的能力，为此，本书着重讨论了与古代壁画数字化保护密切相关的壁画朝代识别、分割、修复、超分辨率重建等关键问题。

7.1　本书工作总结

本书以中国古代壁画为研究对象，阐述了古代壁画数字化保护涉及领域的国内外研究现状，介绍了数字图像处理和壁画图像处理的异同，重点讨论和研究了古代壁画图像的朝代识别、区域分割、自动修复以及超分辨率重建等方法，并构建了壁画数据集群及壁画数据管理系统。

由于古代壁画图像存在多元性、主观单一性、多义性、纹理复杂等特点，卷积神经网络在进行特征提取时有一定的局限性，胶囊网络中的胶囊可以动态地对图像中的语义信息进行学习，能有效捕捉图像中的纹理特征、色彩梯度变化，并能克服光照不均匀的问题，对壁画图像的色彩、纹理以及艺术形象等特征在特征胶囊层进行拟合，最终确定壁画图像的朝代并进行分类。本书在原始胶囊网络的基本结构上，提出一种适应性增强胶囊网络的古代壁画朝代识别算法。首先，增加特征提取层的数量，将之前的单个卷积层改变为3个连续的激活层对壁画图像进行高层特征提取；其次，使用优化函数对3个连续的特征提取层均进行特征激活；再次，为了让胶囊网络更适用于壁画图像的特征提取，对胶囊网络的特征胶囊层参数和类别胶囊层参数根据壁画图像的特点进行了调整；最后，使用自适应学习率的优化算法对所有参数进行优化，增强了模型的梯度平滑度。

针对古代壁画图像分割过程中出现的图像分割用时长，分割模型硬件要求较高的问题，本书对PSPNet模型进行了改进。首先将带有深度可分离卷积网络结构的MobileNetV2网络作为图像特征提取器，利用点卷积对处理过后的特征纵向加权组合。特征图最大池化后，利用PSPNet网络特有的全局金字塔模块提取语义信息。之后利用反卷积方法对低纬特征上采样，各层级的特征图通过拼接融合生成预测图。实验结果表明，本书提出的融合深度可分离结构的PSPNet模型降低了分割模型对硬件设备的性能要求，在壁画图像分割的结果上有更好的表现。

针对壁画图像缺损问题，提出了增强一致性壁画图像修复算法补全缺损图像。首先以全卷积网络作为基础架构的生成网络实现掩码壁画图像的修复，其中采用空洞卷积的方式优化生成网络结构；然后判别网络使用局部判别网络和全局判别网络联合优化网络模型，使得生成网络输出的壁画图像全局和局部的一致性表达能力更强。实验结果表明，本文提出的修复算法在图像信息复杂、纹理结构较强的壁画图像的修复上有更好的效果。

针对唐代壁画修复过程所面临壁画色彩难以较好修复的问题，提出了MFCA壁画色彩修复模型。首先在循环一致性对抗损失函数中引入同一映射损失函数，然后将循环生成对抗网络模型进行迁移，使其更加适用于壁画图像风格迁移，最后在生成器中引入多尺度融合的协调注意力机制，得到一个最优的壁画色彩修复网络模型。通过分别对权重系数、协调注意力机制以及多尺度融合的协调注意力机制进行消融实验，验证了提出的方法可以达到在不依赖专家知识的情况下恢复褪色的壁画图像的颜色，将壁画修复到原始状态的效果，节省了壁画修复的时间。

针对壁画模糊、纹理不清的问题，提出了稳定增强生成对抗网络对壁画超分辨率重建，以提高壁画清晰度。首先在生成网络处使用新设计的含有残差缩放的密集残差块提取壁画较深层的特征，增强重建高分辨率的壁画的能力；然后针对生成对抗网络训练不稳定的问题，在判别网络处使用WGAN-GP理论增强网络训练的稳定性，并使用激活前损失计算感知损失，为壁画亮度一致性和提取局部特征提供更好的监督。实验表明，提出的超分辨率重建算法在色彩梯度变化明显、纹理细节较多的壁画上拥有较好的重建效果。

7.2　研究展望

古代壁画的数字化保护是一个跨学科、具有一定挑战性的热点研究课题，具有广阔的应用前景和实用价值，其研究涉及计算机视觉、人工智能、模式识别、大数据以及数据库技术等多个学科。迄今为止，虽然许多研究学者已在该领域取得了一些可喜的成绩，但完善成熟的方法和实用性很强的系统还尚未出现。

通过阅读文献和对研究课题的经验总结，笔者对古代壁画数字化保护涉及的相关问题有了日趋加深的认识，同时对下一步的研究工作也有了一定的见解和思路，具体归纳为以下几点：

（1）壁画库中的图像在数字化处理过程中可能出现争议性和数量较少等问题。由于现在没有公开的壁画图像数据集，且壁画图像受地方有关部门的重点保护，在对壁画图像进行收集时较为困难。有些朝代的壁画图像集中在某个相同的地方，具有较为相似的绘画风格与绘画内容，但由于分布不均匀的特点，壁画图像的收集以及整理后的壁画图像的可靠性有待进一步验证。因此，在接下来的工作中，还需要进行大量的实地考察，并查阅更多的参考文献，制作更为完善、全面、数量较多的壁画图像以进行模型训练。

（2）在进行壁画朝代识别时，虽然本书提出的方法进一步提高了最终的朝代识别准确率，但是仍存在较多朝代不易正确识别的现象，且在针对一些有朝代争议的壁画图像时，表现不太理想。因此，下一步的工作是继续对网络进行性能上的改进，对壁画图像的断崖、绘画内容等复杂特征重点进行特征提取与分析。

（3）改进后的PSPNet网络采用的金字塔模块能提升图像信息的采集率，但是仍无法避免特征信息的缺失问题，针对锐点较多的图像，模型的特征信息还原能力较差。今后将考虑添加Attention机制，结构化地选取输入子集，降低特征图像维度，让任务处理模型集中注意力于找寻数据中特点显著且与当前输出关联性强的特征，从而提高输出质量，解决特征信息的缺失问题。

（4）提出的壁画修复方法对修复壁画图像掩码区域周围的图像质量要求较高，另外对于纹理复杂、缺失过大的待修复区域，还存在修复区域模糊、纹理信息缺失等问题。今后将获取题材丰富的高质量壁画图像数据集，采取合适的数据增强算法扩充数据集；引入迁移学习思想，应用较为的成熟网络模型再经过壁画图像数据集训练；加深网络层数，从获取更多图像信息等角度开展研究，实现大面积的壁画图像修复。

（5）在提出的稳定增强生成对抗网络模型中，实验的不足之处在于只在壁画放大4倍的情况下进行超分辨率重建，没有在多尺度下进行壁画的超分辨率重建工作，未将全局特征信息和局部特征信息充分利用，部分重建后的纹理细节恢复得不完整，并且模型训练周期长。所以下一步的主要工作有：收集更多不同风格的壁画数据集以适应生成网络的深度，增加模型的泛化性和稳定性；对壁画进行多尺度的超分辨率重建工作，展示出不同尺度下壁画的艺术性和研究价值；精简网络结构以减少训练的时

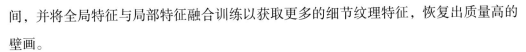

间，并将全局特征与局部特征融合训练以获取更多的细节纹理特征，恢复出质量高的壁画。

（6）与研究机构合作，促进成果的共享。古代壁画的数字化保护是全球文化遗产保护领域的研究学者共同面对的课题，只有研究机构之间互相合作、实现资源共享和成果交流，才可避免许多重复性工作，并能推动该领域的快速发展，这无疑也是今后学术研究的一个方向。

参考文献

[1] 张译文. 敦煌早期壁画的"形"与"色"在现代平面设计中的应用研究[D]. 北京：北京交通大学，2018.

[2] 江泽芬. 现代中国画创作对敦煌壁画元素的借用现象研究[D]. 湖北：华中师范大学，2017.

[3] 邬沉芳. 基于敦煌壁画的文化创意产品开发研究[D]. 甘肃：兰州大学，2019.

[4] F. C. Izzo，L. Falchi，E. Zendri，et al. A study on materials and painting techniques of 1930s Italian mural paintings：two cases by Mario Sironi and Edmondo Bacci in Venice [M]. England：Cambridge Scholar Publishing，2015.

[5] A. A. Sakr，M. F. Ali，M. F. Ghaly. Discoloration of ancient Egyptian mural paintings by streptomyces strains and methods of its removal[J]. International Journal of Conservation Science，2012，3(4)：249-258.

[6] M. E. Abdel-Haliem，A. A. Sakr，M. F. Ali，et al. Characterization of Streptomyces isolates causing colour changes of mural paintings in ancient Egyptian tombs[J]. Microbiological Research，2013，168(7)：428-437.

[7] J. Li，H. Zhang，Z. Fan，et al. Investigation of the renewed diseases on murals at Mogao Grottoes[J]. Heritage Science，2013，1(1)：31-35.

[8] J. S. Wu，L. Gu. Painting semantic classification method based on image visual feature analysis[C]. 2019 International Conference on Intelligent Transportation，Changsha：Big Data & Smart City，2019：578-581.

[9] Y. T. Zhou. Reserch on Chinese painting image classification method based on improved convolutional neural network model[J]. Journal of Jiamusi University (Natural Science Edition)，2021，39(1)：112-115.

[10] S. Liong，Y. Huang，S. Li，et al. Automatic traditional Chinese painting classification：A benchmarking analysis[J]. Computational Intelligence，2020，36(3)：1183-1199.

[11] 王琦，鲁东明. 基于构图分析的古代壁画相关度评价方法[J]. 浙江大学学报（工学版），2012，46（3）：21-30.

[12] 唐大伟，鲁东明，杨冰，等. 轮廓整体结构约束的壁画图像相似性度量[J]. 中国图象图形学报，2014，18（8）：968-975.

[13] 唐大伟，鲁东明，许端清，等. 壁画图像分类中的分组多实例学习方法[J]. 中国图象图形学报，2014，19（5）：708-715.

[14] Q. Zou，Y. Cao，Q. Q. Li，et al. Chronological classification of ancient paintings using appearance and shape features[J]. Pattern Recognition Letters，2014，49（1）：146-154.

[15] 郝亚博. 基于风格特征的中国古代人物壁画分类算法研究与实现[D]. 天津：天津大学，2017.

[16] Q. Q. Li，Q. Zou，D. Ma，et al. Dating ancient paintings of Mogao Grottoes using deeply learnt visual code[J]. Science China Information Sciences，2018，61（9）：1-14.

[17] C. Wang，W. Pedrycz，Z. W. Li，et al. Residual-driven fuzzy C-means clustering for image segmentation[J]. IEEE/CAA Journal of Automatica Sinica，2021，8（4）：876-889.

[18] J. H. Park，Y. J. Kang. Evaluation index for sporty engine sound reflecting evaluators' tastes，developed using K-means cluster analysis[J]. International Journal of Automotive Technology，2020，21（6）：1379-1389.

[19] X. M. Qin，J. L. Li，W. Hu，et al. Machine learning K-means clustering algorithm for interpolative separable density fitting to accelerate hybrid functional calculations with numerical atomic orbitals[J]. The Journal of Physical Chemistry，2020，124（48）：10066-10074.

[20] D. Wang，K. He，B. Wang，et al. Solitary pulmonary nodule segmentation based on pyramid and improved grab cut[J]. Computer Methods and Programs in Biomedicine，2021，199：105910.

[21] Z. Y. Song，S. Ali，N. Bouguila. Background subtraction using infinite asymmetric Gaussian mixture models with simultaneous feature selection[J]. IET Image Processing，2020，14（11）：2321-2332.

[22] I. A. Iswanto，T. W. Choa，B. Li. Object tracking based on meanshift and particle-kalman filter algorithm with multi features[J]. Procedia Computer Science，2019，157（9）：521-529.

[23] Z. F. Wu，C. H. Shen，A. Hengel. Wider or deeper：revisiting the resnet model for visual recognition[J]. Pattern Recognition，2019，90（1）：119 -133.

[24] Q. W. Sun，W. Chen，J. G. Chao，H. B. Zhang. Flsnet：fast and light segmentation network[J]. Journal of Physics：Conference Series，2020，1518（1）：12-47.

[25] N. J. Francis, N. S. Francis. Diagnostic of cystic fibrosis in lung computer tomographic images using image annotation and improved PSPNet modelling[J]. Journal of Physics：Conference Series，2020，1611（1）：012062.

[26] C. Chen, Y. K. Zhu, G. Papandreou, et al. Encoder-decoder with atrous separable convolution for semantic image segmentation[C]. Proceedings of the European Conference on Computer Vision（ECCV），Cham：Springer，2018：801-818.

[27] C. Chen, G. Papandreou, I. Kokkinos, et al. DeepLab：semantic image segmentation with deep convolutional nets, atrous convolution, and fully connected CRFs[J]. IEEE Transactions On Pattern Analysis And Machine Intelligence，2018，40（4）：834-848.

[28] S. J. Du, S. H. Du, B. Liu, et al. Incorporating DeepLabV3+ and object-based image analysis for semantic segmentation of very high-resolution remote sensing images[J]. International Journal of Digital Earth，2021，14（3）：357-378.

[29] L. S. Pan, C. W. Li, S. F. Su, et al. Coronary artery segmentation under class imbalance using a U-Net based architecture on computed tomography angiography images [J]. Scientific Reports，2021，11（1）：14493-14493.

[30] P. Liu, Y. M. Wei, Q. J. Wang, et al. A research on landslides automatic extraction model based on the improved mask R-CNN[J]. ISPRS International Journal of Geo-Information，2021，10（3）：168-168.

[31] B. S. Sung, U. J. Jun, S. O. Heung, et al. DeepMask：face masking system using deep neural networks on real-time streaming[J]. Journal of Institute of Control Robotics and Systems，2020，26（6）：423-428.

[32] M. J. Wasan，S. A. Zainab，H. S. Ahmad. Development of brain tumor segmentation of magnetic resonance imaging（MRI）using U-Net deep learning[J]. Eastern-European Journal of Enterprise Technologies，2021，4（9）：23-31.

[33] Y. Z. Wang，H. Lv，R. Deng，S. B. Zhuang. A comprehensive survey of optical remote sensing image segmentation methods[J]. Canadian Journal of Remote Sensing，2020，46（5）：501-531.

[34] 邓燕子，卢朝阳，李静.交通场景的多视觉特征图像分割方法[J].西安电子科技大学学报，2015，42（6）：11-16.

[35] 焦莉娟，王文剑，李秉婧，等.改进的块匹配五台山壁画修复算法[J].计算机辅助设计与图形学学报，2019，31（1）：119-125.

[36] 任小康，邓琳凯.基于尺度空间的小波纹理描述算法的壁画修复[J].计算机工程与科学，2014，36（11）：2192-2195.

[37] J. F. Cao，Y. F. Li，Q. Zhang，et al. Restoration of an ancient temple mural by a local search algorithm of an adaptive sample block[J]. Heritage Science，2019，7：1-14.

[38] 吴萌，王慧琴，李文怡.多尺度唐墓室壁画病害标记及修复技术研究[J].计算机工程与应用，2016，52（11）：169-174.

[39] 李彩艳，王慧琴，吴萌，等.唐墓室壁画泥斑病害自动标定及虚拟修复[J].计算机工程与应用，2016，52（15）：233-236.

[40] M. Bertalmio，G. Sapiro，V. Caselles，et al. Image inpainting[C]. Proceedings of Conference on Computer Graphics and Interactive Techniques. Washington D. C. ：Addison-Wesley Press，2000：417-424.

[41] A. Criminisi，P. Pérez，K. Toyama. Object removal by exemplar-based inpainting[C]. Proceedings of the IEEE Computer Society Conference on Computer Vision and Pattern Recognition，Los Alamitos：IEEE Computer Society Press，2003.

[42] D. Pathak，P. Krahenbuhl，J. Donahue，et al. Context encoders：feature learning by inpainting[C] . IEEE Conference on Computer Vision and Pattern Recognition（CVPR），2016：2536-2544.

[43] C. Yang，X. Lu，Z. Lin，et al. High-Resolution image inpainting using multi-scale neural patch synthesis[C]. IEEE Conference on Computer Vision and Pattern Recognition（CVPR），2017：1063-6919.

[44] G. Liu, F. A. Reda, K. J. Shih, et al. Image inpainting for irregular holes using partial convolutions[C]. Proceedings of European Conference on Computer Vision, Munich, Germany: Springer Press, 2018: 89-105.

[45] J. H. Yu, Z. Lin, J. Yang, et al. Generative image inpainting with contextual attention [C]. Proceedings of the IEEE Computer Society Conference on Computer Vision and Pattern Recognition, Los Alamitos: IEEE Computer Society Press, 2018: 5505-5514.

[46] Z. Yan, X. Li, M. Li, et al. Shift-Net: image inpainting via deep feature rearrangement [C]. Proceedings of the European Conference on Computer Vision, Munich, Germany: Springer Press, 2018: 3-19.

[47] H. Zhang, Z. Hu, C. Luo. Semantic image inpainting with progressive generative networks[C]. Proceedings of the 26th ACM international conference on Multimedia. New York: ACM, 2018: 1939-1947.

[48] Y. Chen, H. Hu. An improved method for semantic image inpainting with GANs: progressive inpainting[J]. Springer, 2018, 49(3): 1355–1367.

[49] J. C. Guo, J. Wu, C. Guo, et al. Image superresolution reconstruction based on residual connected convolutional neural network[J]. Journal of Jilin University, 2019, 49 (5): 1726-1734.

[50] Z. F. Lu, B. J. Zhong. Image interpolation with predicted gradients[J]. Acta Automatica Sinica, 2018, 44(6): 1072–1085.

[51] X. Zhang, X. Wu. Image interpolation by adaptive 2-d autoregressive modeling and soft-decision estimation[J]. IEEE Transactions on Image Processing, 2008, 17(16): 887-896.

[52] J. Sun, Q. Q. Yuan, J. W. Li, et al. License plate image super-resolution based on intensity-gradient prior combination[J]. Journal of Image and Graphics, 2018, 23(6): 802-813.

[53] R. Timofte, S. V. De, G. L. Van. Adjusted anchored neighborhood regression for fast super-resolution[C]. Asian conference on computer vision, Springer, Cham, 2014: 111-126.

[54] C. S. Tong, K. T. Leung. Super-resolution reconstruction based on linear lnterpolation of wavelet coefficients[J]. Multidimensional Systems and Signal Processing, 2007, 18 (2): 153-171.

[55] D. Zhou. An edge-directed bicubic lnterpolation aigorithm[C]. lnternational Congress on lmage and Signal Processing. IEEE, 2010: 1186-1189.

[56] S. Farsiu, D. Robinson, S. Elad. Advanced and challenges in super-resolution[J]. Internat International Journal of Imaging Systems and Technology, 2004, 14 (2) :47-57.

[57] M. lrani, S. Peleg. lmproving resolution by lmage registration[J]. CVGIP: Graphical Models and Image Processing, 1991, 53 (3): 231-239.

[58] H. Stark, P. Oskoui. High resolution image recovery from lmage-plane arrays, using convex projections[J]. Journal of the Optical Society of America A, 1989, 6 (11): 1715-1726.

[59] H. Chang, D. Y. Yeung, Y. Xiong. Super-resolution through neighbor embedding[C]. IEEE Conference on Computer Vision and Pattem Recognition (CVPR), Washington DC, USA, 2004, 1: 275-282.

[60] J. Yang, J. Wrigbt, T. S. Huang, et al. Image super-resolution via sparse representation [J]. IEEE Transactions on Image Processing, 2010, 19(11): 2861-2873.

[61] C. Dong, C. C. Loy, K. He, et al. Learning a deep convolutional network for image super-resolution[C]. Proceedings of European Conference on Computer Vision. Cham: Springer, 2014: 184-199.

[62] C. Dong, C. L. Chen, X. Tang. Accelerating the superresolution convolutional neural network[C]. Proceedings of the 2016 14th European Conference on Computer Vision, Berlin: Springer, 2016: 391-407.

[63] T. Tong, G. Li, X. Liu, et al. Image super-resolution using dense skip connections[C]. 2017 IEEE International Conference on Computer Vision (ICCV), IEEE Computer Society, 2017: 4809-4817.

[64] Y. Anagun, S. Isik, E. Seke. Comparing different loss functions for super-resolution over various convolutional architectures[J]. Journal of Visual Communication and Image Representation, 2019, 61: 178-187.

[65] Y. N. Zhang, M. Q. An. Deep learning and transfer learning-based super resolution reconstruction from single medical image[J]. Journal of Healthcare Engineering, 2017: 1-20.

[66] J. Kim, L. J. Kwon, L. K. Mu. Deeply-recursive convolutional network for image super-resolution[C]. Proceedings of the IEEE conference on computer vision and pattern recognition, 2016: 1637-1645.

[67] B. Lim, S. Son, H. Kim, et al. Enhanced deep residual networks for single image super-resolution[C]. Proceedings of the IEEE Conference on Computer Vision and Pattern Recognition Workshops, 2017: 136-144.

[68] C. Ledig, L. Theis, F. Huszár, et al. Photo-realistic single image super-resolution using a generative adversarial network[C]. Proceedings of the IEEE Conference on Computer Vision and Pattern Recognition, 2017: 4681-4690.

[69] M. Arjovsky, S. Chintala, L. Bottou. Wasserstein gan[J]. IEEE Trans Pattern Anal Mach Intell, 2017, 38(2): 295-307.

[70] X. Wang, K. Yu, S. Wu, et al. Esrgan: Enhanced super-resolution generative adversarial networks[C]. Proceedings of the European Conference on Computer Vision (ECCV). 2018.

[71] 徐文思. 浅析不同朝代敦煌壁画的色彩表现特点[J]. 明日风尚, 2016(22): 197.

[72] 王晓光, 徐雷, 李纲. 敦煌壁画数字图像语义描述方法研究[J]. 中国图书馆学报, 2014, 40(1): 50-59.

[73] W. H. Qian, D. Xu, J. Xu, et. al. Research on the classification of style painting based on information entropy[J]. Journal of Graphics, 2019, 40(6): 991-999.

[74] J. Q. Li, X. F. Jia, B. T. Zhao. Multi-feature fusion capsule network for image classification[J]. Journal of Harbin University of Commerce (Natural Sciences Edition), 2020, 36(6): 695-700.

[75] Y. Z. Zhou, J. S. Di. SAR image classification method based on improved capsule network[J]. Journal of Physics: Conference Series, 2020, 1693(1): 1-6.

[76] H. C. Li, W. Ye, et al. Robust capsule network based on maximum correntropy criterion for hyperspectral image classification[J]. IEEE Journal of Selected Topics in Applied Earth Observations and Remote Sensing, 2020, 13: 738-751.

[77] K. Simonyan，A. Zisserman. Very deep convolutional networks for large-Scale image recognition [OL]. [2015-4-10]. https://arxiv.org/abs/1409.1556.

[78] 申瑞超，柴晓冬，李立明，等. 基于前景分割的扣件状态识别算法[J]. 铁道标准设计：2021，65（12）：28-34.

[79] 高淑萍，赵清源，齐小刚，等. 改进MobileNet的图像分类方法研究[J]. 智能系统学报：2021，16（1）：11-20.

[80] 曹建芳，田晓东，贾一鸣，等. 改进DeeplabV3+模型在壁画分割中的应用[J]. 计算机应用，2021，41（5）：1471-1476.

[81] F. Xue, H. B. Ji, W. B. Zhang. Mutual information guided 3D ResNet for self-supervised video representation learning[J]. IET Image Processing，2020，14（13）：3066-3075.

[82] W. Tang, D. S. Zou, S. Yang, et al. A two-stage approach for automatic liver segmentation with Faster R-CNN and DeepLab[J]. Neural Computing and Applications，2020，32（1）：1-10.

[83] 宋廷强，李继旭，张信耶. 基于深度学习的高分辨率遥感图像建筑物识别[J]. 计算机工程与应用，2020，56（8）：26-34.

[84] J. Long, E. Shelhamer, T. Darrell. Fully convolutional networks for semantic segmentation[J]. IEEE Transactions on Pattern Analysis & Machine Intelligence，2014，39（4）：640-651.

[85] S. Ioffe，C. Szegedy. Batch normalization：accelerating deep network training by reducing internal covariate shift[C]. Proceedings of the 32nd International Conference on International Conference on Machine Learning. Lille，France：JMLR. org，2015：448-456.

[86] H. Jie, S. Li, S. Gang. Squeeze-and-excitation networks[C]. 2018 IEEE/CVF Conference on Computer Vision and Pattern Recognition（CVPR）. IEEE，2018.

[87] S. Woo, J. Park, J. Y. Lee, et al. CBAM：Convolutional block attention module[J]. European Conference on Computer Vision，2018：3-19.

[88] Q. Hou，D. Zhou, J. Feng. Coordinate attention for efficient mobile network design[J]. 2021 IEEE/CVF Conference on Computer Vision and Pattern Recognition（CVPR），2021：13708-13717.

[89] J. Y. Zhu，T Park，P Isola，et al. Unpaired image-to-image translation using cycle-consistent adversarial networks[C]. IEEE International Conference on Computer Vision（ICCV）. Venice：IEEE 2017：2242-2251.

[90] Y. M. Arijovsk，S. Chintala，L. Bottou. Wasserstein generative adversarial networks[C]. proceedings of the 34th International Conference on Machine Learning，Sydney，Australia：ICML，2017：214-233.

[91] J. Johnson，A. Alahi，F. F. Li. Perceptual losses for real-time style transfer and super-resolution[J]. European Conference on Computer Vision，2016，9906：694-711.

[92] 韩宗桓，刘名果，李珅，等. 多尺度特征融合与新型判别器的无监督分割[J]. 计算机工程与应用，2022.

[93] Lauria M，Pakin S，Chien A. High Performance MPI on Workstation Cluster[M]. Journal of Parallel and Distributed Computing，2007，40（1）：4-18.

[94] 周莹莲，刘甫. 服务器负载均衡技术研究[J]. 计算机与数字工程，2010，38（4）：11-14+35.

[95] 姜文颖. CDN网络中几种负载均衡实现技术的探讨[J]. 中国数据通信，2004（1）：61-65.

[96] Karger D，Lehman El，Leighton T，et al. Consistent hashing and random trees:distributed aching protocols for relieving hot spots on the World Wide Web[C]// Twenty-ninth Acm Symposium on Theory of Computing. 1997.

[97] 苗泽. Nginx高性能服务器详解[M]. 北京:电子工业出版社，2013：49-58.

[98] Liu D，Deters R. The Reverse C10K Problem for Server-Side Mashups[M]// Service-Oriented Computing --- ICSOC 2008 Workshops. Springer-Verlag，2009.

[99] 汪海洋，凌永兴，包丽红，等. 基于keepalived的高可用性应用研究[J]. 电子技术，2014，43（7）：21-24.